Q版FB歷史

清朝其實很奇幻

……丁振宇 著

前言

微歷史即是用「微博體」和Facebook的形式來記錄歷史。微博和Facebook的特點是短小、及時，適於傳播，近年來，微博和Facebook成爲國內一種最便捷的交流方式，對於記錄歷史來講，它同樣是一個好工具。因爲當今社會生存競爭激烈、生活節奏奇快，人們沒有時間、沒有精力、也沒有耐心靜下心來通過閱讀冗長繁雜的歷史巨著來獲取知識，因而造成當下人們，尤其是年輕一代人歷史知識匱乏的窘況。

而《微歷史》的出現，除了「微時代」自身的推動之外，更是民眾自身的一種訴求。因爲它將微博體與歷史事實進行了有機的結合，在有限的字數裏以精當的內容濃縮精華，言簡意賅、字字珠璣，爲廣大讀者提供了一種新的解讀歷史的可能性。讀者無需非常集中的閱讀時間和持久的專注，無需專門的歷史或理論素養，茶餘飯後，公車上，花費五分鐘翻閱一下，就會有良多收穫。

中國的最後一個封建君主專制王朝——清朝，是一個頗有爭議的王朝。因爲在這

個歷史時期，所湧現出的皇帝是各具特色的：有的讓我們爲之讚嘆，有的讓我們扼腕嘆息，有的讓我們爲之傾灑一腔熱淚，有的讓我們怒其不爭，有的讓我們哀其不幸……

一六一六年，努爾哈赤稱汗，國號大金，史稱後金，年號天命，定都於赫圖阿拉。努爾哈赤從一個小小的家奴奮鬥成一個大汗，在他統治時期，明朝正一步步地走向衰亡。

清太宗皇太極可以說是清初的政治家與改革家。皇太極不僅武藝超群，領兵打仗是一流的。他在位期間，實施的很多政策都是很有利於中華民族的團結與統一的。在他統治的時期，大清漸漸地被漢人所接受。

清世祖順治帝是一個愛感情用事的皇帝。他是一個愛江山更愛美人的皇帝。在他統治時期，雖然也提出了很多有利於國家發展的政策與措施，但是他卻爲了一個死去的妃子而痛苦欲絕，早早地撒手西去了。

清聖祖康熙皇帝是一個有雄才偉略的皇帝。在他統治時期，國家逐漸安定、富強。

清世宗雍正帝被公認是一個勤勞的公務員。雍正帝是頗有心計與政治才能的皇帝。在他統治時期，革除積弊，整飭財政，開一代清廉之風。

清高宗乾隆是一個好大喜功的詩人皇帝。他與他的爺爺康熙一生的作爲有很多雷同的地方。

清仁宗嘉慶是一個悲哀的皇帝，在盛世的虛名下，可真苦了嘉慶帝，他壓力多大啊。

清宣宗道光是一個虛僞的皇帝，也是一個奇怪的皇帝。他的一生總是在宣導清廉，自己也穿得破破爛爛，但是還向老百姓收銀子。可讓人又搞不明白，他收的銀子都弄哪裡去了。

清文宗咸豐是一個苦命天子。咸豐帝統治時期，清朝已經變得千瘡百孔，所以他也只能哀嘆時運不濟了。

清穆宗同治是一個短命的皇帝。同治帝統治時期，幼年喪父，又有一個「權力控」的老媽。女人當家，日子不好過啊！所以他早早的就死了。

清德宗光緒是一個可憐的、沒有實權的皇帝。光緒帝統治時期，皇太后慈禧把持朝政，根本不給光緒帝掌握實權的機會。好不容易想奪一回權——戊戌變法，變法沒成功，反搭上了自己的性命。

清宣統帝溥儀是中國歷史上最後一位傀儡皇帝。溥儀在位時期，是中國自己人的傀儡皇帝倒也罷了，可他後來還當了外國人的傀儡皇帝。這是中國歷史上前所未有

的！

清王朝的覆滅，民國的成立，標誌著統治中國兩千多年的封建王朝就此終結。前車之鑑，後事之師。清王朝雖然已成歷史，但這一段歷史卻留給我們無盡的思考與啓迪。

版下乃歷史
清朝其實很奇幻

目錄
CONTENTS

前言／3

第一章　清太祖努爾哈赤時期　由家奴到可汗／11
◎天童傳說　◎八旗及滿文的創立者　◎「金」字招牌在這裡
◎天王的對手　◎本是同根生，相煎何太急？
◎滿洲最早獲得「洪巴圖魯」稱號的人　◎誰是接班人

第二章　清太宗皇太極時期　清代的政治家與改革家／31
◎小鬼能當家　◎汗位爭奪戰　◎天賜之寶　◎璧合珠聯——海蘭珠

第三章　清世祖順治帝時期　愛江山更愛美人／59
◎有福將臨　◎愛情的犧牲品　◎皇帝的乾爹　◎反清能不能復明？

第四章　清聖祖康熙帝時期　我真的還想再活五百年／81
◎四大輔臣　◎邊疆有問題　◎掌上明珠　◎收復臺灣的人
◎慧眼識才——周培公　◎英雄難過美人關

第五章　清世宗雍正帝時期　最勤勞的公務員／107
◎奪位疑雲　◎目中無人的年羹堯　◎朱三太子事件　◎雍正一朝，無官不清

目錄
CONTENTS

第六章　清高宗乾隆帝時期　有才的風流天子／127
◎身世之謎　◎世界上最富的富豪　◎文壇泰斗紀曉嵐　◎乾隆軼事
◎劉羅鍋——劉墉　◎紅樓夢醒——曹雪芹　◎乾隆下江南　◎十全老人
◎世界上運氣最好的君王之一

第七章　清仁宗嘉慶帝時期　盛世虛名下的悲情皇帝／159
◎嘉親即位，普天同慶　◎後宮真正的女人

第八章　清宣宗道光帝時期　打補丁收銀子的虛偽皇帝／175
◎跨古代和近代的皇帝　◎史上最摳門皇帝　◎師夷長技以制夷——魏源
◎禁煙英雄——林則徐　◎桃花漁者——陶澍　◎一朝天子一朝臣——穆彰阿

第九章　清文宗咸豐帝時期　時運不濟的苦命天子／197
◎清朝最後一位通過秘密立儲即位的皇帝
◎緋聞最多的一個皇帝　◎天地會

版под歷史

清朝其實很奇幻

第十章　清穆宗同治帝時期　女人當家下的短命皇帝／215

◎女人天下　◎大內高手——安德海、李蓮英　◎甲午軍魂——鄧世昌

◎洋派主力——張之洞　◎晚清四大名臣之一——左宗棠

◎亂世英雄——劉銘傳　◎兩廣總督葉名琛　◎一年出兩個進士

◎中興名臣——胡林翼　◎最早的小留學生　◎紅頂商人——胡雪巖

第十一章　清德宗光緒帝時期　向女人叫爸爸的無權皇帝／243

◎皇室婆媳問題　◎老佛爺與乾爸爸　◎太監行裏的狀元　◎袁來有一套

◎戊戌六君子——譚嗣同　◎清末三屠之一——張之洞

◎北洋水師提督丁汝昌　◎總統府高等顧問——章太炎

◎予豈好辯哉——章鴻銘　◎大清紅人——李鴻章　◎中日間諜戰

第十二章　清宣統帝溥儀時期　末代皇帝／281

◎年輕有為康南海　◎超級神童梁啟超　◎一代宗師霍元甲

◎佛山無影腳黃飛鴻

清太祖努爾哈赤時期

由家奴到可汗

第一章 清太祖努爾哈赤時期

由家奴到可汗

天童傳說

清朝爲什麼以愛新覺羅爲姓？這源於一個美麗的傳說。傳說有天和地的三個女兒在湖中游泳，一隻神鵲將叼來的一枚果子放在三個仙女洗澡的地方，其中年齡最小的仙女把果子吃了，因而懷孕並且生下一個男孩，叫愛新覺羅・布庫里雍順。這個男孩被稱爲「天童」，正是努爾哈赤的老祖宗。

努爾哈赤相貌不凡，父母非常喜愛他。但是，在努爾哈赤十歲的時候，老媽突然病死了。他老爹又給他找了一個後母。他的這位後母尖酸刻薄，弄得家裏「三天一大吵，兩天一小吵」，簡直是「雞犬不寧」。更氣人的是，他的老爹還總是聽信後母的挑唆，使努爾哈赤的生活十分悲慘。

努爾哈赤曾經當過自食其力的小商販。由於努爾哈赤經歷了血與火的現實，讓他認識了無錢無權日子是無法過下去的。爲了糊口，他每天去挖人參、採蘑菇、揀榛子、摘木耳、拾松子等等，然後再將這些東西運到各地去賣。而且，在這個時期，他還廣交朋友，並學會蒙、漢語言文字，深受漢人文化的影響。

努爾哈赤的祖父和父親是被內奸害死的。努爾哈赤的祖父慘死後，他的舅舅阿台

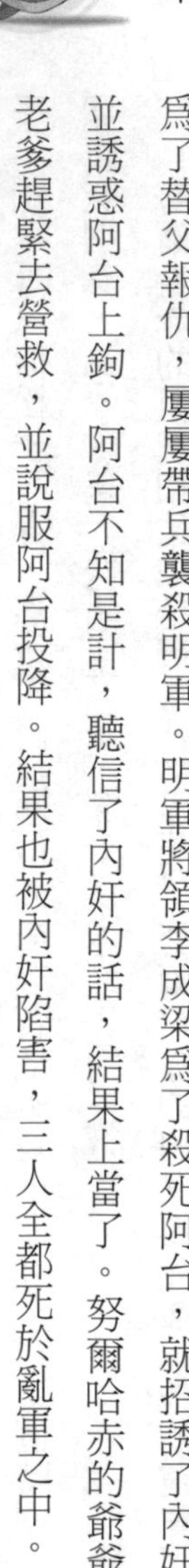

爲了替父報仇，屢屢帶兵襲殺明軍。明軍將領李成梁爲了殺死阿台，就招誘了內奸，並誘惑阿台上鉤。阿台不知是計，聽信了內奸的話，結果上當了。努爾哈赤的爺爺和老爹趕緊去營救，並說服阿台投降。結果也被內奸陷害，三人全都死於亂軍之中。

努爾哈赤能夠當上明王朝的官，是沾了他爺爺的光。努爾哈赤的爺爺和老爹都被明軍殺死後，努爾哈赤悲痛欲絕。他就向明王朝的官吏討說法，並說自己的爺爺和老爹都是忠於朝廷的，不應被殺死。明朝官吏自覺理虧，就送還了二人的屍體，還說這是誤殺。後來，明王朝還爲此讓努爾哈赤承襲了祖父的職位。

努爾哈赤決定與明王朝爲敵，是從爺爺和老爹死後開始的。努爾哈赤自從接了爺爺的班，自己也開始在東北地區女真各部間出名了。但是，他一點兒也不享受這個光環，而是更加痛恨明王朝。因爲自己的爺爺和老爹一向都是忠於朝廷的，卻落得個慘死的下場，於是決定要與明王朝決裂，替爺爺與老爹報仇雪恨。

害死努爾哈赤爺爺與老爹的內奸是古勒城的城主尼堪外蘭。尼堪外蘭根本不把努爾哈赤放在眼裏，氣焰非常囂張。其實呢，尼堪外蘭也不過是個狗仗人勢、狐假虎威的小人。由於他一直仗著自己有明王朝作爲自己的靠山，整日飲酒作樂，逍遙自在。有一天，努爾哈赤突然帶兵來攻打他，他早嚇得屁滾尿流，連自己的部將也不要了，倉皇而逃。

萬曆十四年（一五八六年），努爾哈赤又一次攻打自己的仇人尼堪外蘭。尼堪外蘭知道自己打不過努爾哈赤，就趕緊向明王朝的邊關守將求救。但是，這時明廷早對他「人走茶涼」了，遲遲不派兵來救。於是，努爾哈赤的部下就把尼堪外蘭砍死。努爾哈赤終於報了爺爺和老爹的仇。這之後，更刺激了他的野心與征服欲。他決定要統一整個女真族，甚至有更大的欲望在蠢蠢欲動。

八旗及滿文的創立者

努爾哈赤是一個有大將風範的人，他能夠臨危不亂。努爾哈赤漸漸強大後，引起了以葉赫爲首的海西四部的恐慌，他們成了驚弓之鳥，生怕哪一天被努爾哈赤生吞活剝了。於是，海西四部就聯繫其他部落一共九部三萬人一起去攻打努爾哈赤。努爾哈赤是在半夜裏聽說這事的，他對此一點兒也不驚慌，並告訴部將天亮後再戰。說完，就繼續去睡大覺。

努爾哈赤不僅是一個武藝超群的人，還是一個身先士卒的好長官。每次遇到征戰時，努爾哈赤都是率先衝陣，奮勇拼殺。也正是因爲他的英勇氣概和猛烈衝殺的作風，贏得了將士們的擁戴，非常有威信，部將們爲此還競相仿效，因而努爾哈赤能夠

做到令必行、行必從。

努爾哈赤是一個襟懷大度的人，從不與人斤斤計較。一次，努爾哈赤在帶兵攻打其他城時，曾被守城的兩位將領分別射中一箭。後來，射中自己的兩位將領被努爾哈赤擒獲。努爾哈赤因爲愛才心切，竟然沒有殺他們兩個，並賞賜官職。

努爾哈赤是一個硬漢子。一次，他率兵與敵軍對決時，被亂箭射中了頭部，血一直流到自己的腳上。他竟然忍著疼痛把箭拔出來，反射敵兵，竟然有一人中箭而死。還有一次，他被亂箭射中了頸部，他又把箭頭拔出，血肉都隨著箭頭往下掉。他竟然又強忍疼痛，慢慢地拄著弓從屋頂上下來，飲水數升，並且騎馬而去。

努爾哈赤不僅是一個善於騎射，英勇善戰的人，還是一個有政治頭腦的人。他在統一女真過程中，制定了一系列正確的政策。他非常欣賞漢文化中諸葛亮的治軍治國策略，並仿照諸葛亮的策略，觸類旁通地創立了八旗制度。

努爾哈赤能夠重用賢人和厚待功臣，從而招徠了許多機智忠貞武藝超群的猛將謀士。這些人才在政治上、經濟上、軍事上爲統一女真各部，建立和壯大後金國，奠定了牢固的基礎。

努爾哈赤在對外關係上，處理的非常好。他對鄰國採取「遠交近攻」的策略，與蒙古、朝鮮保持友好關係，與明朝保持君臣關係，盡力避免過早地與明朝發生正面衝突與摩擦。他這樣做，有利於統一女真事業的順利進行。

滿文是努爾哈赤命額爾德尼和噶蓋創制的。很久以來，女真人只有語言而沒有文字，發展到努爾哈赤時代的時候，仍然是借用蒙文和漢文。還出現了這種怪現象：女真人講女真語，寫蒙古文。這種怪現象非常不利於政令的通行，尤其是在戰爭時期，經常貽誤戰機。於是，努爾哈赤爲了方便交流，就命人用蒙古字母拼寫滿語，創造了滿文。

「金」字招牌在這裡

萬曆四十四年（一六一六年）正月，努爾哈赤建立後金，自稱自己是「天命皇帝」。隨著努爾哈赤勢力的一步步強大，他決定要建立自己的天下，不再受別人指使與擺佈。於是，他建立了後金。自此，中國的東北地區出現一個轄地數千里、居民數十萬的強大的後金國。而此時的明王朝勢力卻一天不如一天。

努爾哈赤決定與明王朝翻臉，是在他六十歲大壽的宴席上。這天，努爾哈赤特別的高興，他的兒子們都向他敬酒。酒過三巡後，他就板起了面孔，向兒子們宣布他要征討大明。可打仗總需要個理由。努爾哈赤左思右想，終於列出了明政府的七條罪

狀，還稱之爲「七大恨」。這「七大恨」已深深印刻在努爾哈赤的心上，但是對於明朝在北方所擁有的堅固城池，他還是得謹慎對待。

努爾哈赤爲了孤立大明朝，可謂是絞盡了腦汁，想盡了辦法。努爾哈赤首先是拉攏了蒙古，他想讓蒙古與明朝脫離關係，轉向與自己友好。於是，他就用編旗、會盟、聯姻、封賞、賑濟、圍獵、朝覲、重教等政策，來拉攏蒙古與他聯盟。

努爾哈赤善待降將，善於收服民心，很會做表面文章。努爾哈赤在攻打撫順的時候，撫順守將李永芳向他投降，致使撫順不戰而下。努爾哈赤大喜，不僅給李永芳升了官，還把自己的孫女嫁給了他。而且，努爾哈赤還賞賜降民大量牛、馬、豬、犬、衣服、房、田等等。

正當努爾哈赤在遼東攻城掠地，春風得意的時候，明王朝內部出現了大變故。萬曆四十八年（一六二〇年），明神宗死掉了。其長子即位，是爲明光宗。誰知，這位皇帝是個短命鬼，剛登上皇帝寶座才一個月，就因吞紅丸死於乾清宮，於是出現了一個月之內死了兩個皇帝的奇聞。無奈，就由明光宗的長子朱由校承襲皇位，這才「群龍有首」。

天王的對手

努爾哈赤自從與明王朝翻臉之後，總是連連得志，但他也碰到過對手。正當努爾哈赤自以爲自己是「天命皇帝」，自己推翻大明江山簡直是輕而易舉之時，明朝出現了一位鎮遼大將熊廷弼。此人一到遼東，立刻改變了瀕於潰散狀態的軍隊，守備大固，功績卓著。自此，努爾哈赤也不敢驕傲輕敵、掉以輕心了，自己總算遇著對手了。

明熹宗統治時期「黨爭」激烈，熊廷弼正是這場「黨爭」中的一個犧牲品。熊廷弼是一個文韜武略、有膽有識、剛正不阿的人。也正是因爲他的剛直，不會曲意逢迎，從而得罪了一些人。於是，自己在統治集團政治鬥爭中被擠下了臺。

熊廷弼下臺之後，朝廷派袁應泰代替熊廷弼爲遼東經略。袁應泰這個人雖然做官還像那麼回事，算得上精明。但是，他對軍事卻是一竅不通。他一上任，就開始改變熊廷弼原來的部署，並撤換了許多官將，造成了前線混亂不堪。他還收納了許多蒙古和女真降人，致使軍營裏混入了大量的間諜。

賀世賢是在醉酒中被努爾哈赤打敗、丟失瀋陽的。努爾哈赤攻打瀋陽時，決定

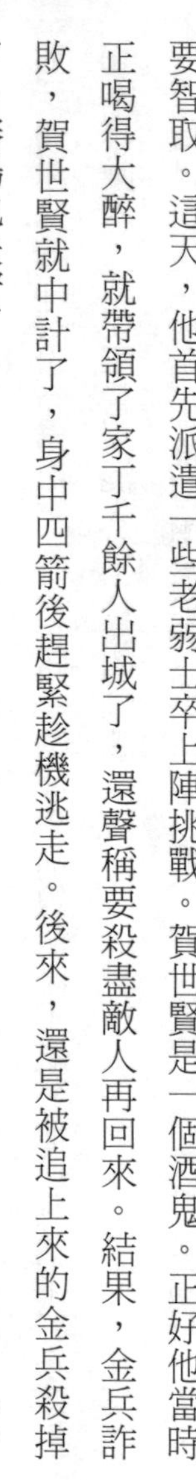

要智取。這天，他首先派遣一些老弱士卒上陣挑戰。賀世賢是一個酒鬼。正好他當時正喝得大醉，就帶領了家丁千餘人出城了，還聲稱要殺盡敵人再回來。結果，金兵詐敗，賀世賢就中計了，身中四箭後趕緊趁機逃走。後來，還是被追上來的金兵殺掉了，瀋陽也失守了。

袁應泰是自縊而死的。其實，袁應泰的死是他自己自掘墳墓的。本來努爾哈赤攻打遼陽時，他的士兵們看到明軍守備甚嚴，銳氣就已經被挫傷了。可是，由於袁應泰沒有軍事頭腦，先前收降了很多努爾哈赤派的間諜。努爾哈赤是一個有勇有謀的人，他這回又派了細作做內應，遼陽城很快失陷，袁應泰只好自縊而死。

明王朝非常賞識熊廷弼的軍師才能。當明王朝聽說遼、瀋失陷後，恐慌至極。只好「病急亂投醫」，再次起用努爾哈赤獨怕的那個「熊蠻子」。於是，就將熊廷弼從原籍召回，希望他能夠守住遼西這個爛攤子。明熹宗命熊廷弼爲兵部尚書兼右副都御史，駐守山海關，經略遼東軍務。

努爾哈赤是一個善於使用間諜的人，他利用間諜把明朝守城將領們的情況摸得清清楚楚。正是「知己知彼，百戰百勝」，人家努爾哈赤早就把明朝軍隊的底細摸清楚了，明朝的軍隊不敗才怪。很快，努爾哈赤又攻下了軍備廢弛的廣寧。廣寧失陷後，明朝卻把熊廷弼等作爲替罪羊，熊廷弼銜冤而死。

後金進佔遼瀋後，漢人無法容忍滿族人的欺壓和蹂躪，大批進入朝鮮。後來，後金屢次向朝鮮要求將過江的漢人驅趕回來。朝鮮心想，你又不是我老闆，我幹嘛聽你的?便把漢人送回了明朝，氣得努爾哈赤直跺腳。

努爾哈赤進駐遼陽之後，認識到沒有漢族地主階級代表人物的支持，是很難在遼東站穩腳跟的。於是，開始大量任用漢官。並且還多次宣布，只要是盡忠效勞的漢官，會破格提升。爲此，有不少官吏爲了升職，簡直是不擇手段地欺壓老百姓，向努爾哈赤獻媚。

天啓五年（一六二五年），努爾哈赤決定遷都瀋陽，但是卻遭到貝勒諸臣們的反對。努爾哈赤氣得眼睛噴火，責怪諸臣們鼠目寸光，連野心都沒有。並且還說了一堆大道理，把瀋陽說得簡直是獨一無二的風水寶地。諸臣們感覺他們的頭兒說得非常有道理，紛紛贊同。自此，瀋陽第一次在中國歷史上稱爲都城。

天命十一年（一六二六年），努爾哈赤親自統率諸貝勒，八旗勁旅六萬人，號稱是二十萬大軍，征討大明。努爾哈赤充滿信心地向明朝展開了第四次大決戰。

努爾哈赤從二十五歲同額赫庫倫打仗開始時，就擅長用兵。每次打仗，敵軍還沒有集合，努爾哈赤就已經想出妙招戰勝敵軍了。努爾哈赤還擅長射箭，敵軍還沒出箭

就已經被努爾哈赤射死。爲此，努爾哈赤在將士們的心中非常有威信，將士們也都受了他的感染，作戰非常英勇。

努爾哈赤是一個很有經濟頭腦的人。當時，明朝派來使者商議互通有無，保證每年給滿洲相當多的金幣。努爾哈赤覺得這樣對後金的發展是有利無害的。於是他就決定以經濟爲中心，開設撫順、清河、寬甸、合陽四地通商，可以交易的商品數不勝數，沒有限制。這樣一來，促進了後金的經濟發展。

一次，努爾哈赤外出打獵時，雪剛剛融化，因爲早上有很多露水，努爾哈赤便撩起衣服走，侍衛說：「皇上您什麼都有，怎麼還這麼珍惜這一件衣服？」努爾哈赤笑著說我不是要珍惜這件衣服，我經常把衣服賜給你們，與其讓它被露水弄髒，倒不如保持整潔，做人要勤儉節約，這就是八旗臣民沒有人敢穿華服的原因啊！」

努爾哈赤大擺筵席宴請各位軍官，犒勞軍官。他說：「明朝的萬曆皇帝子民眾多，土地廣闊，卻不知道滿足，還來侵犯我們的領土，到頭來卻把自己的領土丟掉了，這是老天爺對其的懲罰啊，我能走到這一步全靠的大家的努力，在此向大家表示感謝，是大家的拼搏才讓我們取得今天的成就的。」軍官們聽後，感動得熱淚盈眶。

努爾哈赤當上了東北老大的消息傳到大明朝廷，大明朝廷十分害怕，派軍隊去滅努爾哈赤。誰知，明朝軍隊被努爾哈赤打得落花流水。可見，已經統一了女真的努爾哈赤這時已不是一頭任人宰割的羔羊了，他已經成長成一匹「狼」了。

本是同根生，相煎何太急？

從起兵之初，舒爾哈齊就跟著努爾哈赤南征北戰，絕無二話，可以說是創立滿清的二把手。赫赫的戰功給他帶來了赫赫的榮耀，各部酋長拜見的時候，都是兩兄弟同時受賀，分南北落座。但當二把手無法滿足舒爾哈齊的雄心，他可是心比天高，是要當一把手的。有努爾哈赤這個一把手在，結果可想而知。

要成就千古功業，遠大的志向必不可少。在當時已包括努爾哈赤在內的人，對明朝的打擊都是形式上的小打小鬧，他們還未曾想到要結束明朝。在明朝承認努爾哈赤的地位之後，舒爾哈齊本人自認爲本族和明朝的事就算就此了結了。但那時努爾哈赤的夢想已變成了要吃掉明朝，取而代之。

隨著努爾哈赤勢力範圍的一步步擴大，他和舒爾哈齊的矛盾一步步加深，直到不可調和的地步。舒爾哈齊在得知大哥的心思之後，想脫離大哥，自立門戶，這可惹惱了努爾哈赤。此後，他以各種各樣的理由不斷清理舒爾哈齊的部眾，終於沒收了舒爾哈齊的全部家產。

本是同根生，相煎何太急？在惹惱努爾哈赤之後，舒爾哈齊的家族不斷受到打擊，直到舒爾哈齊家族發誓不敢背叛可汗，努爾哈赤才停止了對舒爾哈齊家族的迫害。

滿洲最早獲得「洪巴圖魯」稱號的人

子承父業是中華民族的傳統。褚英是努爾哈赤的長子，褚英特別能爲老爹爭光，十七年的戎馬生涯，歷經了大大小小一百多場戰役，他變得驍勇善戰、文韜武略，成爲滿洲數一數二的勇士，在開國的年代裏，褚英立下的顯赫軍功使其在愛新覺羅家族中享有盛譽。

戰功赫赫之後必定會有獎賞，何況褚英還是大汗的兒子，賞賜更不會少。努爾哈赤賞賜褚英爲「阿爾哈圖圖門」。當時褚英是滿洲最早獲得「洪巴圖魯」稱號的人，相當於現在的英雄。集諸多榮譽於一身的褚英得到了族人的熱愛和追捧，成爲汗位的有力競爭者。

褚英是一個做事沉不住氣的人。褚英總認爲自己是長子，將來肯定要繼承老爹的家業，於是就開始驕傲自大起來。他不僅背著老爹幹了許多錯事，還逼迫弟弟們對天發誓，要求兄弟們必須無條件地服從自己。還聲稱將來老爹歸西後，他要繼承老爹的家業，凡是不服從自己的人都要被殺掉。他的囂張氣焰引起了弟弟們的痛恨。

雖然褚英在戰場上立下了汗馬功勞，但是，在處理朝廷政務上卻沒有一點兒經驗和能力，水準遠遠低於其弟皇太極。再加上皇太極在努爾哈赤面前不斷告狀，努爾哈赤逐漸對褚英產生了反感。

傷不起的褚英含恨而死後，他的兩個兒子杜度、尼堪由努爾哈赤撫養。杜度軍功很大，是努爾哈赤孫子輩中少有的名將，也是滿清的開國功臣之一，和皇太極一樣自領一旗，這在當時的愛新覺羅家族中是很顯赫的，排名第六位。

褚英死後，權力爭奪進入白熱化。代善和皇太極是當時勢力最大的兩個，其他的兄弟也有很大的實力來爭奪皇位。但是，代善其人優柔寡斷，猶豫不決，謀略水準遠不及皇太極。爲得權力，皇太極告發代善和努爾哈赤的大妃烏拉阿巴亥有剪不斷理還亂的關係，使得努爾哈赤大爲震怒，代善就此失寵。

多爾袞從小就不被努爾哈赤喜歡，阿濟格、多鐸、多爾袞與努爾哈赤同在兩黃旗，阿濟格和多鐸是旗主貝勒，而多爾袞連「統治貝勒」都不是。因而多爾袞的地位要比他哥阿濟格和他弟多鐸低得多，這種待遇讓多爾袞從小就少了「妄自尊大」的底氣，少了些狂傲。至於幹了什麼讓自己沒有受鍾愛，或許也只有努爾哈赤自己知道

了。

Q 誰是接班人

從一個邊遠小鎮的小夥子成長爲一個身經百戰、戰無不勝的大汗，努爾哈赤從未想到自己會遇到像袁崇煥這樣的對手，是他一手毀掉了努爾哈赤的夢想。努爾哈赤無奈地退回到了自己的大本營。這一仗下來，已經六十八歲高齡的努爾哈赤終於扛不住了，至此，一代英豪努爾哈赤歸天。

努爾哈赤死後，整個明朝大爲歡喜。明朝爲了瞭解後金的下一步動向，派遣使者去悼念努爾哈赤。實際上，雙方的心思都不在悼念上，明朝是想瞭解後金的動向，後金是想瞭解明朝對自己的意圖。雙方表面上相處融洽，背地裏都在打著自己的小算盤。

努爾哈赤臨終前沒有明確選出自己的接班人。後金建國前，努爾哈赤曾想讓長子褚英接班，後來又有意使次子代善嗣位，均半途而廢。天命六年正月十二日，努爾哈赤與代善、皇太極等對天焚香發誓，讓子孫互相輔佐，不要再大開殺戒了。到了二月份，他又令代善、阿敏、莽古爾泰、皇太極四大貝勒「按月分直」。到了最終也沒有

定下自己的接班人。

努爾哈赤死前沒有選出接班人，給兒子們留下了無限的爭權奪利的空間。在整個皇宮、東北遼東地區，都掀起了滔天巨浪。對於愛新覺羅氏的皇族來說，這份偌大的家業到底會落到誰的手中，肯定會演繹成一部激烈複雜的大戲。

微歷史大事記

明嘉靖三十八年（一五五九年），努爾哈赤出生。

明萬曆二年（一五七四年），努爾哈赤與其弟舒爾哈齊被俘，收在李成梁帳下，充當幼丁。

明萬曆十一年（一五八三年），努爾哈赤以父、祖所遺十三甲起兵，開始統一建州女真各部的戰爭。

明萬曆二十七年（一五九九年）二月，努爾哈赤命額爾德尼與噶蓋始創滿文。

明萬曆二十九年（一六〇一年），建黃、白、紅、藍四旗，此即八旗之始。

明萬曆三十六年（一六〇八年），努爾哈赤與明邊將立碑劃界，從此自稱為國。

明萬曆四十三年（一六一五年），建立八旗制度。

天命元年（一六一六年，明萬曆四十四年）正月，努爾哈赤於赫圖阿拉稱汗，建元天命，定國號為金，史稱後金。

天命三年（一六一八年，明萬曆四十六年）四月，努爾哈赤以「七大恨」誓師伐明。

天命四年（一六一九年，明萬曆四十七年）三月，後金軍與明軍決戰於薩爾滸，明軍大敗。四月努爾哈赤致書朝鮮，自稱「後金國汗」。八月，努爾哈赤滅葉赫部。

天命六年（一六二一年，明天啟元年）八月，努爾哈赤命築遼陽新城，即東京城，並遷都於此。

天命十年（一六二五年，明天啟五年）三月，遷都瀋陽，後定名為盛京。

天命十一年（一六二六年，即明天啟六年）正月，努爾哈赤統兵攻明寧遠城，遭受起兵以來唯一的敗仗，負重傷而歸。八月，努爾哈赤病逝。

清太宗皇太極時期

清代的政治家與改革家

小鬼能當家

皇太極的老媽葉赫那拉氏，是努爾哈赤基本削平建州各部，統一大業初具規模時娶的。葉赫那拉氏是女真葉赫部首領楊吉砮的女兒。楊吉砮為了巴結努爾哈赤，就把小女兒許配給他，還說他們是天生的「佳偶」。結婚那天，努爾哈赤在自己的住處舉行了盛大的宴會，婚禮辦得非常風光奢侈。

孟古是個非常適合做老婆的人，努爾哈赤對她很喜愛。努爾哈赤有很多老婆和兒女，孟古很聰明伶俐，知道要想在這樣的家族裏生存，就必須識「眼色」。她把全部精力用在侍奉老公身上，很會討老公歡心，而且從來不干預政事。在家族裏，她待人寬厚，恪守婦道。

萬曆二十年（一五九二年），孟古生了皇太極。皇太極生來就行動穩健，舉止端莊。他聰明伶俐，耳目所經，一聽不忘，一見即識。努爾哈赤既有孟古這樣美麗賢淑的老婆，又有皇太極這樣可愛的兒子，心裏十分得意，只要自己有空，就要和葉赫那拉氏母子共享天倫之樂。

皇太極是中國的小鬼當家。由於父兄長年累月地在外征戰，根本沒有精力顧家。

於是，年方七歲的皇太極便接受了父親的命令，在家主持一切家政。並且，這個小鬼幹得還非常出色。不管是日常家務，財政收支，迭往迎來，大小事情等等，更不論頭緒如何繁多，事情如何細碎，皇太極都能安排得井井有條，處置得非常得當。

皇太極的老媽死後，就由老爹努爾哈赤親自教導。皇太極老媽死的時候，他才十二歲。由於滿族及先世女真人都以尙武著稱，皇太極就向他老爹學習本族的傳統風俗和騎馬射箭。果然虎父無犬子，皇太極步射騎射，矢不虛發。

皇太極吃苦耐勞，不怕流血犧牲，意志頑強，體格健壯，這都是遺傳他老爹努爾哈赤的。據說皇太極曾用過一張弓，矢長四尺餘，不僅一般人不敢問津，就連一個壯士也很難拉開。而這對皇太極來說，卻能夠運用自如，根本不是問題。

後金建立伊始，努爾哈赤就讓皇太極留在自己身邊參與重大決策，他被稱爲和碩貝勒，是八旗的旗主之一。由於天天在老爹身邊參與大事，也爲他以後掌握政權並取得卓越成就奠定了基礎。

Q 汗位爭奪戰

莽古爾泰的死一直是清朝的大疑案之一。其因被指責爲「御前露刃」，被免職，之後不久，就暴病身亡。他的死令皇太極極爲開心，之後，皇太極便對他生前掌管的正藍旗進行全面進攻，使正藍旗的實力大大減弱。皇太極還對正藍旗中忠於莽古爾泰的人進行大屠殺，屠殺時間延續了半年。

薩哈璘英年早逝，年僅三十三歲。他是滿清少有的政治家，秉公執法、忠於王室，向來爲皇太極所尊敬，被視之爲股肱。皇太極爲他停朝三日，四次下跪臨哭，深切哀悼。薩哈璘是皇太極一朝獨一無二沒有受到任何責罰的親信子弟，死後被皇太極追封爲和碩穎親王。

碩托自小與他老爹意見不合，與皇太極的關係也極爲不好，但他跟隨多爾袞，這使他成爲一個說話很有分量的人物，即使是他老爹也不敢妄自對他下評論。碩托的威信在正紅旗中不可小覷，所以，當他的兩個大哥過世後，他的發言權在正紅旗中顯得至關重要。

薩哈璘是皇太極的親信，但他的兒子阿達禮卻是多爾袞的忠實親信。爺倆兒鬧得不可開交。薩哈璘的妻子多次被皇太極責罰，阿達禮懷恨在心，所以堅定地緊跟多爾袞。

權力的鬥爭帶來的不是你死就是我亡。努爾哈赤寧遠戰敗，死於瀋陽遠郊，汗位爭奪進入白熱化，皇太極原本打算聯合代善的兒子來限制代善，卻沒想到後來代善的

兒子擁有了和自己同樣的權力，這令他心裏極其不爽。皇太極不可能與他倆共同位於權力的頂峰，消滅他倆已成爲必然。

在努爾哈赤的兒子們當中，除了死去的褚英，濟格、多爾袞和多鐸年齡都尚幼。「四大貝勒」代善、阿敏、莽古爾泰、皇太極無疑是非常有實力的「集團」。但是，這四位貝勒中，最有可能繼承汗位的就只有四貝勒皇太極。

皇太極是一個非常有野心的人，他爲此也算是心狠手辣。皇太極對自己的競爭對手都是瞭若指掌的。皇太極知道老爹非常寵愛大妃烏拉納喇·阿巴亥。阿巴亥總共生了三個孩子，努爾哈赤最喜歡多爾袞。阿巴亥也是一個有心機的女人，她也想讓自己的兒子繼承汗位。於是，皇太極趁老爹剛咽氣，就施計讓阿巴亥爲努爾哈赤生殉。

濟爾哈朗的老爹和兄長都被努爾哈赤、皇太極整死，但是，濟爾哈朗從小就和皇太極關係很好，皇太極在滅掉阿敏之後，就讓濟爾哈朗做鑲藍旗的一把手，滿清八個和碩貝勒之一，並在崇德元年首封其爲鄭親王，是軍功最少的一位。但是，皇太極特別信任濟爾哈朗，濟爾哈朗也緊跟皇太極的步伐。

皇室家族爲了爭權奪位都會不擇手段，皇太極也不例外。皇太極對哥哥褚英一向恨之入骨，所以，即使褚英的兩個兒子立下赫赫戰功，皇太極也沒有給他們相應的榮譽，這導致他們一個抑鬱而終，一個戰死沙場。兩個人直到乾隆朝才得以平反，得到了應有的聲名和威望。

爭奪權力是任何一個朝代都不可回避的事件，皇太極為了打擊代善可謂不擇手段，處心積慮。他通過各種方式，各種手段來打擊代善，比如，在努爾哈赤生前，大肆宣揚代善與妃子間的曖昧關係，使代善的名聲受到很大的損害；努爾哈赤死後，他又削弱代善的勢力，從而壓制代善。

皇太極是在努爾哈赤戰敗身亡後繼承汗位的。雖然皇太極為了當上汗王不擇手段，但是，他卻有這能力來治理這個國家，是個非常優秀的候選人。在文學上，他博聞強識，博覽群書；政治上他極富改革精神；軍事上他擁有遠大抱負，軍事思維極為縝密。

皇太極是一個具有雄才大略的人，根本不滿足目前的局面。他不僅是一個講究實際、懂得治國之道、為君之道的人，還是一個善於開拓創新的好領導者。因此，在治理國家方面，他總是能夠大膽革新，並且能夠取得顯著的成就。

皇太極即位之初，後金的國情並不樂觀。由於漢人自古以來對少數民族都有一定的偏見和歧視。如今，後金卻大肆壓迫漢人，掠奪大量的漢人做奴隸，民族矛盾相當的白熱化。當然了，滿族人也不斷地受到漢人的襲擊與反抗，後金在遼東的統治變得搖搖欲墜。

由於漢人不斷地反抗後金的統治，尤其是經過戰爭蹂躪的遼瀋地區，經濟破壞非常嚴重。皇太極即位剛半年的時候，就遇到了大荒年，糧食奇缺，物價飛漲，社會秩序混亂，整個國家亂成了一鍋粥。皇太極嘆息說：「國民都快要餓死了，國家的經濟也將要破產了！」

皇太極是一個傑出的政治家與改革家。皇太極憑著自己敏銳的政治眼光，很快就找到了自己即位之初國家貧窮與混亂的根本原因。找出原因後，他針對時弊，對症下藥，終於讓他老爹留給自己的爛攤子得以修整與完善。同時，皇太極也通過調整政策，順應民心，終於得到了漢族人民的認同。

皇太極下令除皇室祭祀，從大內貝勒到平民都不可以屠宰馬騾牛驢，只可食用羊豬，且賣家不可以哄抬豬羊的價格，一旦有違反被查出，照例治罪。下該例令的原因是漢人、朝鮮族人、蒙古族人都善養畜，而滿族人不擅長，若一味地宰殺，將來就沒有用於戰事負載的牲畜了。

明朝屢次背棄盟約，皇太極極爲生氣，親自統領軍隊駐守到距關口僅兩里的地方。各大將貝勒請求攻城，皇太極說：「我得上天眷顧，攻城肯定可以攻破，可是即使攻破城池，卻失去一兩位良將，得到百座城池也不足以高興。」可見皇太極對人才的珍惜。

皇太極想要討伐明朝。他先和明政府的巡撫袁崇煥交換書信，講求言和。袁崇煥信以為真，對崇禎帝誇下海口，說五年內恢復遼國疆土。皇太極趁其不備，假借科爾沁部落的道路，從洪山攻入明，長驅直入，直抵明京師燕，將明軍圍困數月。眾將士請求攻城，皇太極說：「此地易守難攻，即使現在取了也不一定可以常守。」就領兵回去了。

皇太極是個非常有政治遠見的人。皇太極深諳「唇亡則齒寒」的道理。他更知道大明朝已經走到了山窮水盡的地步，只要自己再加一把勁，奪取明朝天下就指日可待了。但是，畢竟大明朝在中原地區綿延了數百年，並不是那麼容易就拿下的。於是，他就先拿明朝的同盟國朝鮮開刀，解除後顧之憂。果然，朝鮮被打敗，還簽訂了「兄弟之盟」。

皇太極和他老爹一樣，非常重視學習漢族文化，他還是一個「三國迷」。皇太極非常喜歡讀明朝羅貫中所著的《三國演義》，他認為此書對指揮打仗很有借鑒作用。還命令將這部書翻譯為滿文，使之培育了一代又一代清朝的傑出將領。

皇太極雖然懂得「得民心者得天下」，但對待漢族和蒙古族人還是有區別的。皇太極很禮遇蒙古人，並且著力於籠絡蒙古貴族，並且進行聯姻來達到合作結盟的政治目的。皇太極所設立的「一后四妃」，還有自己的「親友團」中所娶的老婆大都是蒙古人。可見，他是有意構成錯綜複雜的姻盟，以達到聯合蒙古的目的。

皇太極非常重視農業生產，他認識到農業是國計民生的根本。所以，他下令：停止妨礙農業生產的建築工程，禁止屠殺牲畜，禁止滿人擅取漢人財物，禁止放鷹糟蹋莊稼。並且還實行了「三丁抽一」政策，就是說一家三個勞動力，一人出去打仗，兩人留下來從事農業生產，以此來保證勞動力的充足。

一六三二年，皇太極頒佈《隸主條例》。這一條例，限制了滿洲貴族特權，有利於奴僕爭取自己的地位。爲了促進農業生產，皇太極體恤民力，凡有阻礙農業的工程，一律不復興築，使百姓能「專勤南畝，以重本務」。經過幾年的努力，農業有了較大發展，糧食基本上能夠自給，社會矛盾得到緩和。

一六三三年初，歸降的明朝士兵迅速增加，解決安置他們生活的問題顯得十分緊迫。皇太極批准，將漢民女子或寡婦許配給他們爲妻，由國家掏錢，給他們衣服，資助他們安家。這麼做的目的，是爲了使日益增多的歸附人安下心來，實現安定的生活局面，以求得政權的穩定。

皇太極要求貴族的生活也要遵循生產規律。因爲滿洲貴族的祭祀要大量宰殺牛馬，政府發現大量宰殺牲畜不利於農業生產，便宣布：除大祀、大宴用牛外，其餘宰殺牛、馬、騾等牲畜的行爲要予以制止。崇德元年，政府再次下令重申：祭神、嫁娶、發喪、上墳等活動，都不許屠宰牛、馬、騾、驢，違者治罪。

國家的發展離不開基礎部門的發展。皇太極十分重視飼養牲畜，尤爲重視養馬，因爲要滿足戰爭、生產和生活的需要，不管是做官的還是平民百姓都要養馬，只是官大的家庭養的馬數量多，平民百姓養的馬數量少而已。皇太極把養馬作爲一種國家獎勵，誰有功勞就獎勵誰家馬。

君子報仇，十年不晚。初登帝位，國家大事讓皇太極焦頭爛額，無心攻打朝鮮。半年之後，國內局勢穩定，攻打朝鮮的事情終於被提上日程。皇太極命令兵部統一籌畫安排出征事宜，並決定御駕親征。

與朝鮮的戰爭終於爆發了，首戰在漢山城。皇太極命多鐸、楊古利迎戰。這天雪下得很大，交戰雙方都無法看清對方，在此情況相下，多鐸下令將士們全線出擊，不料在南漢山下，遭遇敵軍埋伏，後金將士視死如歸，雙方殺得你死我活。朝鮮士兵終於頂不住了，敗下陣來。此戰楊古利傷重而死。

一六三六年初，皇太極命多爾袞等人率一萬人渡黃河西進，至托里圖，俘獲了林丹汗子額哲及其部眾一千餘戶，統一了漠南蒙古。爲了拉攏蒙古高層，皇太極用聯姻、賞賜、封王封爵、定外藩功臣襲職例、崇奉喇嘛教、與西藏僧俗頭領建立聯繫等手段，取得了蒙古諸部的支持和效忠。

皇太極對朝鮮和蒙古採取不同的政策，對朝鮮實行很嚴厲的軍事政策，對蒙古則是實行寬容政策。一六三六年，皇太極親率十萬大軍入侵朝鮮，打得朝鮮落花流水，稱臣納貢，允諾與明朝斷絕往來，並將王子送往瀋陽爲人質。皇太極知道蒙古對明朝的依賴性不強，便通過和蒙古聯姻、商談等方式爭取和平。

漠南蒙古各部的統一及蒙古八旗的編立，爲後金擴大了兵源，增加了兵馬，加強了滿蒙聯盟，消除了來自北方的威脅，對後金的鞏固和強大，以及對明朝的征討，起了重大作用。從此以後，後金便可全力攻明了。

明朝和後金曾經在遼西地區進行了長達十幾年的拉鋸戰。自從明朝在薩爾滸戰役中遭到慘敗後，迫使它從戰略進攻轉爲防禦，後來變成了退卻到遼西地區。如果遼西不保，山海關就不保了，山海關一失，京城就暴露在後金的面前了。明廷無奈，只好派重兵把守。於是，雙方便開始了拉鋸戰，ＰＫ得相當激烈。

天聰元年（一六二七年）五月，皇太極首次率大軍征討大明，但是他卻遇到了一個對手。當時，皇太極率大軍剛到瀋陽，腳跟還沒有站穩，就聽到一個重要的情報：

明朝派遣寧遠巡撫袁崇煥來與自己ＰＫ，並且，袁崇煥十分有軍事頭腦，他有一套自己的獨創的作戰方法。這一下，讓一向高傲的皇太極犯難了：袁崇煥可不是一個菜鳥啊！

皇太極親自率主力去攻打寧遠，誰知，坐鎮寧遠的正是他的死對頭袁崇煥。後金突然攻打寧遠，是袁崇煥所沒有預料到的。但是，憑藉著他卓越的軍事才能與先進的作戰設備，後金想把他打趴下不是那麼容易的。袁崇煥聽說後金的軍隊來了，立即發揮槍炮的威力，後金被炮轟的不得不撤退。

皇太極總是被袁崇煥打敗，覺得很沒有面子，他決定必須另闢蹊徑攻打明朝。明末清初，蒙古分成三大部落：漠北蒙古即外蒙古、漠南蒙古即內蒙古、漠西蒙古即厄魯特蒙古。由於漠南蒙古曾經和明朝簽訂過共同抵禦後金的盟約，所以說漠南蒙古也是皇太極的死敵。於是，皇太極就決定先拿漠南蒙古開刀。果然，打敗了漠南蒙古，爲進攻明朝開闢了新航線。

袁崇煥指揮戰役，很少失利，正因爲如此，引起了崇禎帝的疑忌。袁崇煥自從指揮明軍對抗後金以來，功績卓著，朝野上下也是有目共睹的。可是，他的主子崇禎帝卻是個小心眼兒，擔心袁崇煥功高震主。一次，袁崇煥要面見崇禎帝，崇禎帝卻不許部隊入城。袁崇煥就要求屯兵外城，崇禎帝連這也不允許。

袁崇煥是個作戰老成、思維縝密的帥才，可崇禎帝卻是個性情急躁的人。袁崇煥認為在京城外打仗，一定要慎重，不能兒戲，更不能存在僥倖心理。但是，當時還不到十九歲的崇禎帝卻求勝心切，不停地催袁崇煥出戰。但是，袁崇煥權衡利弊後，就是不出戰。於是，崇禎帝就開始瞎琢磨起來：你這是什麼意思啊，難道和皇太極有密謀？

袁崇煥有自己的一套作戰方案，可崇禎帝和北京城裏的老百姓們和他卻沒有默契。由於後金軍被袁崇煥打敗，心中不服氣，就在北京郊外燒殺搶掠。這下，北京城裏的居民心想袁崇煥不肯出戰，肯定是另有所圖。並且還有許多人瞎嚼舌頭說後金兵是他引來的，目的是為了「脅和」。這事越傳越離譜，後來竟有人在城頭向袁部騎兵砸石頭，還罵他們是「漢奸兵」。

袁崇煥是被皇太極利用反間計害死的。皇太極總是出師不利，都是因為袁崇煥，所以他急於除去這個「眼中釘，肉中刺」。於是，就想出了一個反間計，離間袁崇煥與崇禎帝的君臣關係。崇禎帝本來早就對袁崇煥有疑心，這下信以為真，下令逮捕袁崇煥。

袁崇煥含冤慘死後，大明江山從此失去了一個「股肱」。皇太極的反間計能夠成功，與崇禎帝「嘴上沒毛，辦事不牢」有關。崇禎帝辦事急躁，求勝心切，致使皇太極趁機鑽了空子。皇太極本來使的是一個小伎倆，可是卻騙得崇禎帝殺了袁崇煥。皇太極沒有動一兵一卒，就讓崇禎帝「自毀長城」。

皇太極也是一個善於模仿制勝的人。由於皇太極以前與明朝軍隊作戰吃了不少虧。說吃虧，其實就是吃在明朝有先進的武器上。皇太極心想，既然明軍可以用大炮打我們，我何不以其人之道還治其人之身呢？於是，他便令士兵們仿製出一批紅夷大炮。有了紅夷大炮，雖然是山寨版的，可能不及明朝的正牌貨威力大，但有總比沒有強。

大凌河城被後金士兵圍困，崇禎帝得知後急得直跳腳，急忙從附近調集援兵。祖大壽被皇太極圍在大凌河城裏，眼看就要彈盡糧絕。後金圍困大凌河城後，明廷曾多次採取救援行動，但都被外圍後金兵擊退。尤其是最後一次，監兵張春被活捉，總兵吳襄逃跑，全軍都被後金軍殲滅了。明朝幾次增援都損失慘重，後來變成了無力增援，任其自生自滅去吧。

皇太極不只是善於領導打仗，政治頭腦也毫不遜色。皇太極在用武力攻打大凌河城時，還不斷地發動政治攻勢。他首先讓俘獲的二十多名明將給大凌河城守將祖大壽寫信，他自己也寫了一封信。可是，祖大壽不為所動，就是不投降。皇太極是個聰明人，他猜出了祖大壽的心思，無非是怕後金隨意殺人罷了。於是，皇太極寫信解釋，

終於將祖大壽勸降。

大凌河城守將祖大壽身邊，還有一個真正寧死不屈的硬漢子——何可綱。祖大壽和皇太極談妥投降事宜後，只有副將何可綱反對投降。祖大壽只好將其逮捕，讓兩名士兵把他架出城外，當著後金諸將的面將其斬首。何可綱至死臉色不變。

皇太極的政治手腕不僅體現在大的方面，在小細節上也表現得很到位。皇太極勸降祖大壽之後，祖大壽前來拜見，皇太極是個何等聰明之人，深知漢人非常注重禮節。於是，他就派諸貝勒出迎一里。他自己呢，就站在幄外迎接，不讓祖大壽跪見，而以抱見禮優待。並且，還讓祖大壽先入幄，祖大壽不敢，客氣了一番後，二人並肩入幄。

祖大壽投降後金後，在皇太極招待祖大壽的筵席上，祖大壽說，妻子還在錦州，請求皇太極允許他回錦州做內應，皇太極沒有多想，當即就同意了。誰知，祖大壽帶了幾十個人，渡過小凌河，步行到達錦州。他這一去，就黃鶴一去不復返了，連他的子侄俱質留於後金，也顧不上了。

大凌河城的守將祖大壽走了，後金兵就如同回自己家一樣，輕鬆地就開進了大凌河城。然而，此時全城兵民由原來的三萬多人變成了一萬多人。馬呢，就剩下了幾十匹。皇太極還在大凌河城舉行盛大宴會，招待大凌河城歸順的降官。皇太極班師回朝

之前，還將大凌河城完全摧毀。

皇太極能夠拿下大凌河城，是他最終奠定大清基業的一次里程碑戰役。皇太極圍困大凌河城前後達三個月之久，並毀壞了大明在關外的精銳部隊。與此同時，皇太極還招降了張存仁等數十名明將。對皇太極來說，這是一場關鍵的戰役呀。

皇太極的軍事戰略才能非一般人可比。天聰八年（一六三四年），皇太極決定遠襲明朝的宣府、大同。皇太極選擇先攻打這兩個地方是早就打好算盤的，因爲他深知明朝在宣、大一帶防務十分空虛。如果能選擇這兩地作爲軍事行動的突破口，從戰略上來說，就是避實擊虛，攻其不備。後來，皇太極通過對這兩個重鎮的打擊，動搖了明朝的統治之本。

皇太極帶領的後金軍不斷地蠶食大明江山，大明的將官們也被嚇破了膽，連崇禎帝的話也不聽了。皇太極行經內蒙西進時，明朝就已經得到了情報。崇禎帝變得更加焦躁不安，他連發了十幾次御旨，指示被後金兵攻打的城一定要堅守住。然而，朝廷大計到了地方上，卻得不到落實。地方官和帶兵的將官根本不敢同後金對陣，要麼棄城逃跑，要麼緊閉城門。

腐敗的明朝守將看見皇太極的後金兵來攻城，就如同耗子見了貓。後金兵攻打代州時，明朝的守將們嚇得不敢抵抗，致使後金兵如入無人之境。後金兵二十多個騎兵就能掠獲了婦女小孩千餘人，經過代州城下時，被掠獲的人望見城上自己的親人，互相悲啼，就是不發一矢，任後金兵耀武揚威地過去。

皇太極在政治上非常有遠見卓識。皇太極在天聰八年長驅南下，劫掠千里的目的，並不在於得到明朝的城池、土地，而是要掠取明朝的財富，消耗明朝的經濟與軍事實力。在戰略上，皇太極對於城鎮能攻則攻，一時攻不下就放棄，轉而去別處。另一方面，也爲了向明朝炫耀自己的八旗將士能征慣戰的威力。

皇太極還是一個好學生，對於自己有利的東西，他都去學習。皇太極自從即汗位以來，他就傾心於學習中國古代專制主義的封建統治，不斷地加強集權。他剛上臺的時候，就設立了八大臣管理國務，稱八固山額真，在旗內總管一切事物，國家有事，與諸貝勒一起商討，狩獵出師，各領本旗兵行，還負有稽查責任。這樣做，就削弱了諸貝勒的權力，加強了汗權。

皇太極是一個權力欲很強的人。皇太極老爹努爾哈赤在位時，四大貝勒「按月分直」，皇太極即位以後，四去其一，但其餘三大貝勒仍然「分月掌理」，這是一種分權制度。皇太極與其他三大貝勒共同當政，群臣上朝時均南面而坐，這突出不了皇太極的地位，讓他心裏很不爽。所以，他處心積慮地爭取南面獨坐，找各種機會把其他三貝勒整下去。

皇太極一直想「南面獨坐」，爲此他殘忍地殺死了自己的哥哥。由於二貝勒阿敏從灤州、遵化等地敗歸，皇太極就借這個藉口，以心懷異志僭擬國君等十六條罪狀將他幽禁籍沒。而後，他又以行刺自己爲罪名處置了三貝勒莽古爾泰。大貝勒代善是個聰明人，他明白了皇太極這是殺雞給猴看的手法，便知趣地自個兒要求下臺。至此，皇太極終於可以「南面獨坐」了。

皇太極對「斬草除根」的一詞理解得很透澈。雖然大貝勒代善已經下臺了，可是，皇太極還是對他不放心，生怕「斬草不除根，春風吹又生」。於是，皇太極又以代善輕視君上、貪財違法的罪名削了代善的貝勒爵號。過了一年，又封代善和碩禮親王。又過了一年，皇太極又斥責他越分妄行，輕君蔑法，迫使他閒居。

天賜之寶

蒙古察哈爾部一直是皇太極的心頭大患，他一心想找合適的時機滅掉這個部落。

天聰六年（一六三二年），皇太極再次率軍遠征林丹汗，長途奔襲至歸化城，林丹汗連夜逃竄了。從此之後，蒙古察哈爾部就逐漸成了一盤散沙。沒過多久，林丹汗逃到青海，突然出痘病死了。至此，皇太極才感到心頭暢快了。

皇太極屢次攻打蒙古察哈爾部原來是「醉翁之意不在酒」。皇太極聽說蒙古的一個牧羊人撿到了一塊玉璽，上面有漢文篆字「制誥之寶」。據說這是漢朝傳下來的傳國玉璽，元順帝北逃時帶走，後來就不知去向。於是，皇太極就命令多爾袞等再次攻打察哈爾部。林丹汗的兒子額哲打不過人家，就歸降了，並獻上傳國玉璽。皇太極大喜，認爲這是天賜之寶。

皇太極正式改國號爲「大清」時，真是占盡了風頭。天聰十年（一六三六年），皇太極改國號爲「大清」。在盛京篤恭殿舉行盛大典禮時，由大貝勒代善用滿文宣讀表文，額哲用蒙古文宣讀表文，漢人孔有德用漢文宣讀表文。皇太極如此做，是爲了表明自己不僅是滿洲人的皇帝、蒙古人的皇帝，也是漢族人的皇帝。

皇太極之所以廢去「女真」族號和「金」的國號，是打的心理戰術。歷史上女真族建立的金朝，曾經殘酷掠奪和壓迫過漢族人民，是漢族人恨之入骨的對象。皇太極爲了避免刺激漢族人的歷史記憶，減少民族抵觸情緒，就廢去以前使用過的族號和國號。可見，皇太極是一個很會使用心理戰術的人，很有遠見卓識。

皇太極改國號「大清」是有一定的寓意的，他有意避諱一些東西。明朝的當家的姓朱，按漢族傳統的說法，「朱」、「明」兩個字都含有「火」的意思，從五行相剋的說法，「火」剋「金」，這樣說的話，會對金不利。所以改「金」爲「清」，改「女真」爲「滿洲」。這主要是由於漢字的「清」及「滿洲」等字，都是以「水」爲旁，而「水」正好是剋「火」的。

皇太極對民心的收服很重視，政治手腕相當的高明。明朝在當時的年號是「崇禎」，意思是崇尚禎祥，表明明朝當家的注重天事。而皇太極呢，把年號改爲「崇德」，表明他重視的是德治，而不是子虛烏有的天事。皇太極利用封建社會人民的種種迷信觀念，不僅取悅於民，還展現了自己的決心與抱負。

皇太極想把朝鮮拉到自己這邊來，可是一直收效甚微。皇太極稱帝之後，親自領兵攻打的不是自己的最大敵人——明朝，而是十年前就與他簽訂過「兄弟之盟」的朝鮮。本來已經結盟了，是穿一條褲子的兄弟了，爲什麼還要攻打人家呢？原來，朝鮮仍然與明朝藕斷絲連，這讓皇太極不能忍受，他就不信那個邪，非要把朝鮮徹底拉攏過來不可。

皇太極在稱帝大典上，朝鮮使臣給了皇太極個難堪。崇德元年（一六三六年），

皇太極稱帝大典開始了，朝鮮使臣也來了。可是，朝鮮使臣就是不願意跪拜皇太極。這讓皇太極很沒面子，他就強行讓其跪拜。那位朝鮮使臣死活都不肯跪拜，結果把衣服都撕扯破了。衣服撕扯破後，朝鮮使臣氣鼓鼓地走了。皇太極當時肺都要氣炸了，決定找機會征討朝鮮。

皇太極的眼光非常超前，對他來說，戰爭就如下棋一般，每走一步都是高瞻遠矚的。皇太極稱帝之後，首先對朝鮮用兵，他是爲了達到一石三鳥的目的：第一，改變了朝鮮遊蕩於明朝和清朝之間的立場；第二，得到了來自朝鮮的物資供應；第三，解除了南攻明朝的後顧之憂。

孔有德是一個倒楣蛋，也正是因爲這他才決心叛明的。當年，皇太極率兵圍困大凌河城時，登州巡撫孫元化派遣孔有德率兵渡海增援，誰知孔有德在海中遭遇颶風，差點丟掉了小命。渡海沒渡成，孫元化又派他率騎兵從陸上赴援。孔有德心中憤恨不已，走到鄒平縣的時候，滯留了一個多月。後來又遇到大雪，沒有吃的，軍心混亂。於是，他決心叛明。

孔有德是個有情有義的人，他叛明後還知道顧及自己的老上司。孔有德叛明後，率兵揮師登州城下，當時耿仲明作他的內應，內外加工，迅速攻克登州。當時的登州巡撫孫元化無顏面對崇禎帝，就自殺了。誰知，他自殺未遂，孔有德又念及他是自己的老上司，不忍心殺他，就讓他離開了。然而，逃到天津後，崇禎帝得報，就下令處決了孫元化。

孔有德叛明後，又有駐旅順的明朝參將陳有時、廣鹿島副將毛承祿等率部分官兵造反，渡海到登州，加入了孔有德部隊。孔部自此兵勢大盛，紛紛推舉孔有德爲王。孔有德裝模作樣地謙讓不受，自稱都元帥，李九成爲副元帥，耿仲明爲總兵官。

孔有德等人叛明後，率軍在山東一帶攻城掠地。崇禎帝知道後，急得團團轉，他派明將祖大弼率兵數萬將登州包圍，雙方相持將近半年，李九成戰死。孔有德、耿仲明終於扛不住而兵敗。於是，兩人突出重圍投奔了後金。

孔有德、耿仲明這兩部明朝將士們投奔後金的途中，遇到了從寧遠、登州、旅順口明兵的追殺，朝鮮也出兵助威。誰知，後金也派兵過來接應「漢奸」們，正好與明兵夾江立營。可是明兵與朝鮮兵見後金兵強盛就害怕了，就夾著尾巴偷偷溜了。

孔有德、耿仲明投奔後金後，不僅帶來了大量的兵器槍炮，還帶來了龐大的隊伍。皇太極就順水推舟地按孔、耿原來的自封號，正式宣布封孔有德爲都元帥，耿仲明爲總兵官，賜給敕印。其他各官也按功勞分別封賞。

尙可喜本是明東江總兵官黃龍的手下。孔有德登州叛變後，黃龍提升尙可喜爲廣

鹿島副將。孔有德、耿仲明引後金兵攻打旅順，黃龍兵敗後抹脖子自殺了。明朝又以沈世奎代黃龍爲總兵，部校王廷瑞、袁安幫構陷尙可喜。尙可喜乾脆一不做二不休，也投降了皇太極。

大清由與明朝相持到逐漸比明朝強大，皇太極並沒有爲此變得如打雞血一樣，他的頭腦反而清醒的如同打了「醒腦針」。皇太極深知拿下明朝並不是容易的事，必須用對策略，對症下藥才行。皇太極認爲，只有先打下錦州，然後從山海關進攻北京，才能給明朝致命一擊。

吳三桂是祖大壽的外甥，二人在遼東擁有強大實力，是明朝倚重的軍事集團。崇德三年，清軍發動入口之戰，皇太極親自領兵攻向寧遠、錦州，祖大壽打敗多鐸的軍隊，皇太極要求他來見自己，祖大壽卻推辭不見。崇德四年，皇太極又領兵圍攻嵩山，旁及連山、塔山、杏山，崇禎召祖大壽救援，皇太極卻要他來投降。後來，祖大壽堅守錦州，清軍死活都攻不破。

皇太極當了皇帝之後，聲威很大。一次，皇太極親率大軍與明軍ＰＫ，明將洪承疇正準備和皇太極一決勝負。可是，洪承疇的手下以軍中沒有軍餉爲由，商量著要回寧遠取糧。洪承疇急得抓狂，就懇切地勸手下要死戰。但是手下各懷異志，尤其知道是皇太極親征後，非常害怕，就偷偷撤退了，結果遭到清軍的伏擊。明軍著名將領洪承疇是被清軍活捉的。由於洪承疇的手下們各懷鬼胎，不聽他的指揮，遭到了清軍的伏擊，原本十三萬的兵力只剩下了一萬多人退守到松山城內。可是，松山城內缺糧草，又沒有外援，處於孤立絕望的境地。洪承疇幾次突圍，都失敗了。後來，明朝松山副將夏承德暗地裏投降清朝，又勾結清軍為內應，生擒了洪承疇等明朝重要將領。

皇太極俘虜洪承疇之後，想盡辦法勸說他投降。開始時，洪非常有氣節，死活都不肯屈服。皇太極又派范文程勸降他，發現他非常愛惜衣服，梁上掉下一點灰塵，撒在他的衣服上，他立刻拍掉，由此可見他更愛惜生命。皇太極聽說了這個情況後，親自去看他，並把御衣披在他身上。洪覺得皇太極有真天子風度，就歸順了清朝。

皇太極比他老爹努爾哈赤更有野心。努爾哈赤僅僅想在東北割地稱王而已。而皇太極比他老爹的雄心壯志更加遠大，他的最終目標是拿下明朝，做漢、蒙、滿族人的皇帝。他不僅有這個雄心，也有這個實力。

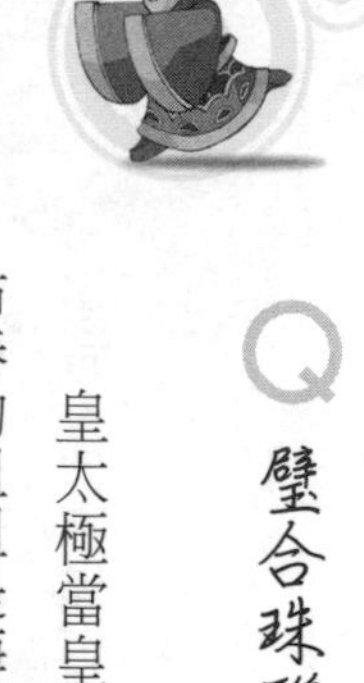

Q 璧合珠聯——海蘭珠

皇太極當皇帝時，出現了姑侄三人共同做他的小老婆的現象。皇太極莊妃布木布泰的姐姐是海蘭珠，兩人的老爹是蒙古科爾沁部貝勒寨桑。兩人的親姑姑哲哲早在十九年前就嫁給了皇太極，成爲正房大福晉，現被封爲中宮皇后；布木布泰也在九年前剛滿十三歲時，嫁給了四貝勒皇太極，成爲側福晉，後被封爲永福宮莊妃。海蘭珠嫁給皇太極後，封爲關雎宮宸妃。

皇太極有一個非常寵愛的妃子就是宸妃海蘭珠。宸妃海蘭珠入宮時已經二十六歲了，比妹妹布木布泰文靜賢淑、言行適度，在皇太極的眾多小老婆中，唯有宸妃海蘭珠獨得專寵。海蘭珠所居的關雎宮中的「關雎」二字，是取自《詩經》中的愛情詩「關關雎鳩，在河之洲。窈窕淑女，君子好逑。」

母以子爲貴，對於本來就深受皇太極寵愛的宸妃海蘭珠來說，生了一個男娃，就等於中了頭彩了。崇德二年，海蘭珠在關雎宮爲皇太極生下了一個兒子。這個小傢伙是皇太極的第八個兒子，巧合的是，皇太極也是排行第八。皇太極非常高興，竟開有清一代的先例，在皇宮舉行重大慶典，大赦天下。並且，孩子還被定爲皇嗣，海蘭珠的地位簡直就是無冕之后。然而，她的孩子卻是個短命鬼。皇太極還沒有從得到愛子的喜悅中緩過神來，甚至還沒有來得及給這個小傢伙起名字，小傢伙便死去了。從出生到死，還不到半年時間。

皇太極戎馬一生，是一個鐵骨錚錚的漢子，自從宸妃海蘭珠所生的皇八子死後，海蘭珠便受到了重大的打擊，很快就抑鬱成病，直到病逝不起。崇德六年九月，皇太極正領兵與大明交戰，聽說宸妃海蘭珠病重，這個鐵骨錚錚的漢子竟然下令撤出戰場，驅馬返京。然而，還沒有趕到，海蘭珠就已經香消玉殞了。

男兒有淚不輕彈，只是未到傷心處，皇太極所寵愛的宸妃海蘭珠死後，悲痛萬分，朝夕哭泣，竟然還哭到昏迷，太醫們搶救了一整日，他才蘇醒過來。後來，群臣爲了開解他的傷心，建議他外出打獵。誰知，經過海蘭珠墓地時，又勾起他的無限悲痛，又大哭了一場，在場的人無不爲之動容。

皇太極是痛悼愛妃而死的。皇太極身體一向健壯，然而，自從宸妃海蘭珠死後，他總是對自己的妻子兒女們說自己年老體衰，還感覺自己的時日不多了。其實，他那個時候不過五十歲剛出頭而已。這位飽經血戰與風雨的皇帝，竟因失去心愛的宸妃而被徹底擊倒。一天，皇太極照常處理事務，到了夜間就突然駕崩了，享年五十二歲。

＊微歷史大事記＊

萬曆二十年（一五九二年）十月，皇太極出生。

天命十一年（一六二六年，明天啟六年）九月，皇太極即位於大政殿，以明年為天聰元年。

天聰三年（一六二九年，明崇禎二年），皇太極親自率軍繞道內蒙古，奔入關內，襲擊明朝，巧設反間計，除掉後金心腹大患——明將袁崇煥。

天聰十年（一六三六年，明崇禎九年），皇太極即皇帝位，稱「寬溫仁聖皇帝」，定國號為大清，改元為崇德元年。

崇德四年（一六三九年，明崇禎十二年），武英郡王阿濟格率師入關征明，皇太極親統大軍繼之。

崇德八年（一六四三年，明崇禎十六年）八月，皇太極逝於寢宮清寧宮，無疾而終。禮親王代善及諸王文武群臣定議，擁立皇太極第九子福臨為嗣皇帝，鄭親王濟爾哈朗、睿親王多爾袞輔政，明年改元順治。

第三章

清世祖順治帝時期

愛江山更愛美人

關於福臨出生的傳說有很多。其生於清崇德三年是確切無誤的，但是關於他出生時的情景有很多說法，其中流傳最廣的傳說，是孝莊文皇后分娩前夜，曾夢見神人抱著一個嬰兒放入自己腹內，孩子生出來後，滿室紅光，並散發出奇異的香氣，經久不散。並且，孩子的頭髮還一根根直立著。

愛新覺羅·福臨是清皇太極的第九子。崇德三年戊寅正月三十日戌時生。他的老媽是永福宮莊妃博爾濟吉特氏，即孝莊文皇后。他老媽生他那一天，是皇太極剛失去第八子的第二天。古代人都是「母以子爲貴」，當時他老媽只是個妃子而已。福臨的出生，給莊妃帶來了莫大的喜悅。

皇位自古以來就是很多想出人頭地的人所垂涎的。而皇太極的突然死去，並且還沒有對身後之事做任何安排。因此，王宮大臣在爲皇太極舉喪的同時，就開始醞釀一場激烈的皇位爭奪戰了。

皇太極死後，他的接班人其實有很多人選。按照清太祖努爾哈赤的遺命，皇位的繼承實行八和碩貝勒共議制，由滿洲八旗的貴族們一同商議來決定。這樣一來，皇太極死後，接班人有七位大咖都是入圍人選：四大親王——多爾袞、代善、濟爾哈朗、豪格，還有三位郡王——阿濟格、阿達禮和多鐸。但真正有繼承資格的是：代善、豪格、多爾袞。

皇太極的接班人入圍人選之一——代善，年老多病，黃土都埋到脖子了，他已經沒有爭奪皇位的野心了。禮親王代善是努爾哈赤的兒子，統領兩紅旗，但他早年在皇太極的爭位鬥爭中失敗了，現在已經年老多病，爲了能夠安度晚年，他採取了低調的態度，不想再一次捲入政治鬥爭。

豪格是皇太極的長子，是接班人中的最佳人選。皇太極死時，豪格三十五歲，正値壯年，而且文武雙全，也立下了赫赫戰功。根據皇太極生前親掌的正黃、鑲黃和正藍三旗都希望由皇子即位。而且由於代善和濟爾哈朗不喜歡多爾袞，他們兩個也準備各投豪格一票。

皇太極死後，早就對皇位虎視眈眈的多爾袞更是躍躍欲試。多爾袞是皇太極的弟弟，時年三十二歲，他是由努爾哈赤與大福晉烏拉納喇氏阿巴亥所生。多爾袞爲正白旗旗主貝勒並統攝吏部。此人心機頗重，聰慧過人，曾經多次統軍出征，屢立軍功。他身後兩白旗和勇猛善戰的二位胞兄弟阿濟格和多鐸也是堅強的後盾，而且，也有部分宗室暗中支持他。

濟爾哈朗與皇族血統較遠，沒有爭奪皇位接班人的可能，但他的影響力非常大。濟爾哈朗是鑲藍旗主，是努爾哈赤胞弟舒爾哈齊的兒子。他從小就被伯父努爾哈赤養育在宮裏，與皇太極親同手足。他也曾屢立軍功，當時是四十五歲。他雖然與皇族的

血統較遠，但他如果偏向任何一方，那一方就有成爲皇位接班人的可能。

皇太極的長子豪格在競選皇位繼承人的時候，幹了一件弄巧成拙的事情。這天，諸王大臣們在崇政殿討論皇位繼承的問題。大部分人都擁立皇太極的長子豪格繼承皇位，並且做了全面的武裝準備。但有人擁立多爾袞，多爾袞當場沒有答應。後來，代善推舉豪格，豪格很得意，認爲皇位早晚是自己的，便故作推辭。結果多爾袞推舉了福臨，豪格也無話可說了。

有福將臨

多爾袞選中福臨爲帝，是有自己的打算的。多爾袞主要考慮皇帝年齡要小，這樣的話就好擺弄，以便自己能借輔政而獨攬大權。再有老媽的名號要高，以便名正言順。而福臨這兩個條件都很符合。當時，麟趾宮貴妃有子博穆博果爾，她的名號雖然高於莊妃，但不受皇太極的寵愛，且孩子才兩歲，不便於參加登基、舉行大禮等場合。小福臨就這樣有福將臨了。

多爾袞選了福臨做皇帝，自己當輔政王，可一向頗有心機的他又怕眾人不服，就拉上了一個墊背的——濟爾哈朗。輔政王的人選代表了各方勢力的均衡。既然黃、

白二旗是主要競爭對手，福臨即位便代表了兩黃和正藍旗的利益，那麼，多爾袞出任輔政則理所當然。但是，他又怕他一人上臺得不到對手的同意，所以就拉上了濟爾哈朗。

六歲的小孩皇帝福臨，雖然還不太懂大人之間的爭鬥，但他卻具有天生的帝王之氣。一個小孩高高地坐在朝堂之上，下面是一群大人們，大人們說的一些國家大事，或許他都不懂。但他骨子裏卻有一種帝王之氣。慢慢地，朝中大臣們從這個小孩的言行舉止中發現「孺子可教」。

早在福臨五歲的時候，這個小傢伙身上就流露出了帝王的尊嚴。崇德七年（一六四二年），皇太極出獵葉赫一帶，當時還帶著五歲的小福臨。在他們前往噶哈嶺時，小小年紀的福臨竟然「射中一狍」。在舉行登基大典前，他出宮乘輦前往篤恭殿，他的奶媽看他年幼，就登輦陪坐。福臨卻拒絕說：「這可不是你這種人所能坐的」，顯示出了不可冒犯的帝王尊嚴。

順治從小就極具繪畫天賦，他畫的每一幅畫幾乎都能得到人們的稱讚，這並不是阿諛奉承，而是實話實說。他的畫給人一種難以用語言表達的意境。一次，順治凝視著其中一位大臣，拿起畫筆，一蹴而就，把這個人畫得入木三分。這幅畫後來被大臣們競相傳看。

順治皇帝愛畫畫，他所畫內容都是日常生活中常見的事物，但寓意深長。順治皇帝喜歡中原文化，喜歡畫山水、飛鳥，中原文化對他的畫影響深遠。順治認識到中原文化的博大精深，便不斷汲取中原文化的精神，將中原文化元素運用到自己的畫中。

李自成攻陷北京後，崇禎帝在巨大的打擊下，幾乎瘋狂。清順治元年，即明崇禎十七年（一六四四年），李自成的農民軍攻陷北京。崇禎帝朱由檢在巨大的打擊之下，瘋狂殺死、殺傷自己的妻女之後，在煤山自縊而死，延續兩百七十六年的大明皇朝於是結束。

李自成攻陷北京，滅了大明，可卻被清軍打敗，虎頭蛇尾令人嘆息。多爾袞領大將軍印，統率八旗滿洲、蒙古、漢軍等共約十四萬大軍，奔向山海關。李自成親率農民軍部隊往山海關討伐吳三桂。吳三桂引清軍入關，打敗了農民軍，農民軍只好退出北京。

多爾袞是一個很會做表面文章的人。清軍打敗農民軍後，多爾袞率領清軍從朝陽門進北京城。明朝文武官員用明朝皇帝的儀仗、車駕出城跪迎，請多爾袞乘輦。多爾袞卻假惺惺地推說自己是效法周公輔佐幼主，不應該乘輦。眾人又勸他乘輦，他這才乘輦入武英殿升座。從此，多爾袞坐鎮北京指揮進軍全國。

多爾袞很懂得韜光養晦，收取民心。多爾袞坐鎮北京後，他嚴禁搶掠，停止剃

髮，還假情假意地爲明崇禎帝朱由檢發喪。他的這些舉動，博得了漢族士紳的好感。其實，他如此做只不過是爲收取民心罷了。

皇太極的長子豪格是被多爾袞害死的。豪格雖然沒有當上皇帝，可是他的勢力卻一天天強大。多爾袞生怕豪格哪一天奪了權，自己的皇帝夢就泡湯了。順治三年，豪格被派征山東，攻四川。後來，他又下西安，平陝西，又擊敗大西軍，射死張獻忠，取得大捷，立下大功。然而，當豪格勝利歸來等著封賞時，卻被人誣陷，多爾袞乘機將他定罪，被幽禁後猝死。

多爾袞的野心漸漸膨脹起來，凡是他看不順眼的人被他一個個地整下臺了。與多爾袞同居攝政王之位的濟爾哈朗，剛開始就很知趣地讓出權力。但是，多爾袞是個小心眼，他還記恨著濟爾哈朗曾經依附過豪格，於順治四年把濟爾哈朗罷職，順治五年降爲郡王，被排除在決策層之外。而且，兩黃旗大臣也不斷遭到多爾袞的壓制排擠，降爵革職，勢力漸弱。

皇上永遠是皇上，即使年齡小，也是皇上，不把皇上放在心上的人永遠是會犯錯誤的。阿濟格向來沒把福臨放在眼裏，有一次竟將福臨稱爲「八歲小子」，索尼對這種不尊敬皇上的做法極爲不滿。他把這情況給多爾袞說了，多爾袞並不理睬，反而聚集眾大臣商議分封諸王，索尼對此堅決反對。

多爾袞大權在握，窮奢極欲，順治皇帝和他老媽只有低聲下氣的份了。多爾袞最初被封為「叔父攝政王」，後來是「皇叔父攝政王」，再後來是「皇父攝政王」。至此，多爾袞的地位已經到了極限，要是再加封的話，只有當皇帝了。

隨著年齡的增長，順治的不滿情緒也與日俱增。其實，順治帝早就對多爾袞不滿，只不過當時自己年幼，再加上沒有實權，所以沒有機會報仇。

為了順治，孝莊太后付出太多，當時的攝政王多爾袞總攬朝綱，名聲遠揚海內外。孝莊看到多爾袞的勢力日漸壯大，準備以身相許，藉以籠絡多爾袞。在多爾袞的幫助下，福臨順利登基。不久，多爾袞的妻子辭世，於是朝中范文程等大臣乘機鼓動皇太后與攝政王合宮，正式結婚。

作威作福，勢焰沖天的多爾袞終究逃脫不了死神的召喚。順治七年，多爾袞前往喀喇城圍獵時，忽然得了一種咯血症。沒過幾天，多爾袞就死了。順治輟朝真悼，追尊多爾袞為「誠敬義皇帝」。

順治八年，順治於太和殿宣布親征。這年他才十四歲，然而，他坐在大殿上指揮諸將，很有天子威儀。他準備反攻，收回皇權。並諭告大臣，凡是重大的事情一律上報於他，由他親自處理。同時，他把多爾袞王府內的印信和檔案都收回宮內；然後又以謀亂之罪將多爾袞同母兄武英郡王阿濟格監禁。

俗話說，上梁不正下梁歪，此話一點兒都不假。多爾袞本來就不是一個正派的人物，把孤兒寡母玩弄於股掌之間，然後自己作威作福。現在多爾袞死了，他以前的一些親信們也開始像牆頭草一樣，倒向了順治帝，有些就投到濟爾哈朗的門下。

多爾袞死後，他原來的親信、正白旗議政大臣蘇克薩哈怕自己也被順治帝清算，就按捺不住了，他到順治面前首告多爾袞死後，將私製黃袍等御用服飾置於棺材內，生前還曾欲遷兩白旗移駐永平府。順治聽了這個消息，高興至極，立刻命諸王大臣審理。決定追奪多爾袞的「誠敬義皇帝」的名號，鞭屍。據說，當時多爾袞的屍體被挖出來，被人用棍子打，用鞭子抽，最後砍掉腦袋，暴屍示眾後，焚骨揚灰。

多爾袞無子，只能向自己的弟弟要來一個孩子當兒子。順治對多爾袞恨之入骨，多爾袞死後，多爾袞家族被嚴厲打擊，多爾袞弟弟的孩子多爾博被還給弟弟。直到乾隆皇帝給多爾袞「平反」，多爾博才重歸多爾袞一系，其後人仍襲睿親王的爵位。

順治帝非常痛恨貪官污吏，主張嚴懲貪官。由於清初對吏治敗壞之禍國殃民認識很深，多爾袞把持朝政時，就一直強調嚴懲貪官。順治帝親政後，繼承和發展了這一方針，並且屢下嚴諭。從順治八年到順治十七年，短短的十年間，順治嚴懲貪官四十餘人，分別處以降級、革職、處死等懲治。他還下令官員們互相監督，向各地派出大量御史，作爲皇帝的「耳目」。

順治可以說是一個賢明的君主，爲了使清王朝長治久安，他積極吸收漢民族文化，重視漢官，使清朝的基業得以鞏固。同時，他對違法犯罪行爲，給予了嚴厲打擊，極力反對官商勾結，榨取人民的血汗，並重視農業生產，大力發展農業。所有的這一切都有利於清朝的鞏固與發展。

順治是一個善於發現人才、提拔人才的好領導。順治認爲，光懲治一些有問題的官員不行，還必須籠絡一些好的官員爲自己辦事。爲此，他還頒佈了一些制度。有時候，他還將自己隨時發現的人才越級提升。一天，他微行入翰林院，見庶常胡兆龍獨自學習清書（滿文），他當即傳旨「超升學士三級爲侍讀」。

順治很重視官員的考核。順治十年正月與順治十六年正月，先後以大計考核全國地方官員，根據官員的不同表現作出留任或降職等不同處理。經過十年的考核，約有近千名地方官受到革、降、調的處理。除了考核外官外，他又於順治九年五月確定以京察考核京官，六年一次，定爲制度。爲了鍛煉官員，他還實行官員內升外轉的辦法。

順治一再下令禁止八旗子弟的「圈地運動」。由於滿族是游牧民族，所以他們一度爭相圈佔土地。清初入關後，京畿地區大量土地劃分給了八旗，以維護其利益。但是，這樣卻造成了圈地的惡果：圈地使社會生產力遭到破壞，社會秩序也動盪不安。有些耕地也變成了牧場，致使良田荒蕪，土地蕭條。順治親政後，不僅禁止圈地，還擴大了耕地使用面積。

順治雖然是游牧民族出身，但他深知中國是一個農業大國。如果以游牧民族只注重游牧的思想來治理國家，勢必會造成國家動亂。他認識到，農業生產的好壞，直接影響著封建社會的統治，而農業生產的發展和可耕地面積的多少，有著直接的聯繫。國家必須保證這種生態平衡才能長治久安。

順治能夠體會民力艱難，善於體恤民心，決定永遠不再向江南徵收橘子，不能因爲自己的一時嘴饞而騷擾百姓。他永免江西進貢龍碗、四川進貢扇柄等，不能因爲皇家的一點奢侈需要而讓老百姓苦累。他決定修造宮殿就地取材，不再用山東臨清燒造的城磚，以此來減輕百姓的運輸之苦。

順治在十四歲親政時，還是一個「文盲」。多爾袞攝政期間，故意疏忽對順治的教育，不給他延師典學，想讓他做一個無知無學的傻皇帝，以便於自己攬權。再加上少年天子貪玩嬉耍的天性，順治在十四歲親政時，閱讀諸臣奏章時竟然茫然不解。

順治雖然在親政以前沒有好好讀書學習，但他並不是一個懶惰的皇帝。順治是一個勤奮好學，勵精圖治的皇帝。在親政以前沒能好好的讀書學習，親政以後，爲了治國理政，在他親政的十年間，讀書非常勤奮。除了處理一些軍國大事以外，大量時間都在讀書。爲此，還曾經讀得嘔血。

順治是個性情中人，勤學善思，尤其是篤信佛教。順治的老媽孝莊太后是蒙古族人，自幼受到佛教的薰陶，這對順治後來篤信佛教也有影響。爲此，順治對佛教的一些理念特別留心。

順治非常喜歡佛法，對僧人也格外寵眷。順治是在太監的慫恿下，開始向一些淵博的名僧請教佛法的。自從順治向憨璞聰和尚請教佛法以後，對佛教愈信愈虔，愈修愈誠。後來，順治還請龍池派名僧玉林琇、茆溪森、木陳忞等來京，請他們在宮裏論經說法，並且對他們格外寵眷，還不斷地給他們加封。

順治日理萬機，常常被弄得疲憊不堪，但他漸漸地在佛家意境之中找到了蘊藉。順治在眾多僧人的影響下，在佛教中沉醉而不願接觸凡塵。那些僧人們也借此多方討好皇帝，這位年輕的皇帝越來越感到佛學的玄妙，對佛教的信仰也愈加虔誠。

順治沉迷於佛教，還讓龍池派名僧玉林琇爲自己起了一個法名。順治請玉林琇爲自己起法名。玉林琇不敢起，再三推辭後，順治便不高興了，強制性地讓他起，並且要求玉林琇爲自己起一些「醜些的字眼」。玉林琇送了十幾個字進覽，順治自選「癡」字，下用龍池派中的「行」，即法名「行癡」。

順治不僅篤信佛教，還一度萌生過出家的念頭。一次，順治對木陳忞說：「我認爲我的前世一定是一個僧人，要不然我怎麼一到佛寺就覺得僧家窗明几淨，就不願意回到宮裏了呢？」他還說要不是怕老媽掛念，他就要出家了。但在木陳忞的勸阻下，才沒有真正付諸實踐。

Q 愛情的犧牲品

順治對董鄂妃的愛到底有多深？他倆之間的愛情，不僅僅是男歡女愛，更多的是一種心靈上的心有靈犀。正因如此，董鄂妃的死對順治是一個沉重的打擊，讓順治開始懷疑生命的真諦，並由此產生了當和尚的想法。

關於董鄂妃到底爲何方神聖的說法有很多很多，有一種說法是說她是明末清初的秦淮名妓董小宛。豫親王多鐸出兵佔領南京後將她帶回，後爲了討好皇上，特意將其獻給順治。還有一種說法，說她是被南下的洪承疇俘獲的。看到如此美麗的女子，洪原來想獨自霸佔，但董鄂妃寧死不從，無可奈何，他才將她送入皇宮。

關於董鄂妃還有一個傳說。一些歷史學家認爲孝獻皇后是襄親王博穆博果爾的妻子，而博穆博果爾是順治帝同父異母的弟弟。清初有命婦輪番入侍后妃的制度，由此，持孝獻皇后的前夫是襄親王觀點的人認爲，親王的福晉是命婦，是要入宮服侍后妃的，這給順治帝與弟媳相識熱戀提供了機會。

順治面對後宮佳麗三千，一生最愛的卻是內大臣鄂碩之女董鄂氏。順治先後冊立兩位皇后，一位是莊太后的之女博爾濟吉特氏，後來因與順治個性不合而被廢掉了；一位是前皇后的侄女，也沒有得到皇帝的垂愛。

相傳有一天，順治皇帝做了一個夢，夢見自己來到一個關外的一個小鎭，在小鎭村口的樹旁，見到了一個姿色美麗的女子。當他走近時，那女子突然消失不見了。醒來之後，順治下令讓人尋找，後來找到的就是佟佳氏。

順治非常寵愛董鄂妃，在冊立她爲妃的典禮上，還特意頒詔。相傳，順治獨愛董鄂妃的原因，是董鄂妃比宮中其他滿族女子更嫵媚。順治本來是要封她爲皇后的，但是自己已經廢過一個皇后了，如果再廢立新，恐怕朝野上的閒話就多了。不能封心愛的女人爲皇后，但他在封妃典禮上頒詔，而在清朝制度中是絕無封妃頒詔先例的。

董鄂氏與順治兩人情投意合，恩愛無比。董鄂妃還特別賢淑，是順治的賢內助。董鄂妃常常竭力襄助順治勵精圖治、勤理國政，並時常勸說順治，處理政務要服人心，審判刑事案件要愼重。就連宮女太監們犯錯時，她也往往爲他們說情。

董鄂妃爲順治生一子，排行第四。順治本來就很寵幸董鄂妃，何況她的肚子又特別爭氣，生的還是皇子。順治帝愛屋及烏，認定這個皇四子就是皇位的繼承人。但是，這個小傢伙出生才三個月便死了。董鄂妃爲此受到致命打擊，自此一病不起，沒多久也死了。

一個九五之尊的皇帝竟然爲了一個妃子而尋死覓活，順治帝在皇帝排行榜上當居榜首。董鄂妃病死後，順治帝痛不欲生，輟朝五日，不理政事。從此之後，順治帝獨居養心殿，從早到晚都在悲痛，有時還孩子氣地尋死覓活，連江山也不要了。爲此，人們不得不晝夜看守著他，使他不能自殺。

順治帝在董鄂妃死後，又一次萌發了出家的念頭，並且真的剃了頭髮，還差一點害死一個僧人。順治在董鄂妃死後，在佛學理論裏找寄託，且再萌出家之念。後來，他決心出家，由茆溪森爲自己剃度，成了光頭天子。當茆溪森的師父玉林琇聽說徒弟爲皇帝剃髮後，大爲惱火，讓眾人拾柴薪，要燒死徒弟，以此來阻順治出家。順治只好作罷，茆溪森才免死。

順治剛親政的時候，的確是雄心勃勃，改革弊政，發展經濟。但是，畢竟是國家新立，民窮國困，雖然日夜操勞，也感到力不從心，致使他身心兼損。而今，董鄂妃也死了，他的精神世界裏突然空虛了，再也振作不起來了。不僅荒廢了朝政，連身體也變得一天不如一天了。

關於順治的死有很多說法，但有些不靠譜。比如，正月順治上早朝時，看起來神態還正常，身體健康。第二天早上，養心殿卻突然傳出了他死去的消息。從他死到下葬，大臣們都沒有見過他的遺體。臨死前，他也僅僅留下一句話：立玄燁爲皇太子，由鰲拜等四位大臣輔政。

順治的死是由身體與精神上的雙重折磨而致。順治每天都要處理堆積如山的奏摺，又缺乏運動，身體極其虛弱，他所喜愛的兒子的死對他來說也是個沉重的打擊。而董鄂妃的死更是讓他萬念俱灰，終日鬱鬱寡歡，如同行屍走肉。此後不到半年的時間裏，順治又染上了天花，最終於初七日半夜死在養心殿，年僅二十四歲。

順治的死還有一種說法：是孝莊害死了董鄂妃，順治心灰意冷之下，以病逝爲托詞，到五臺山出家爲僧。而孝莊害怕這件事被天下人知道，就假借順治的名義，僞造了遺詔。遺詔中的種種自責，無疑是孝莊強加給順治的莫須有罪名。

關於順治的死，還有個很迷信的說法。順治年間，一個叫張宸的官員在自己的筆記中談到，正月初七這一天，朝廷傳旨不允許民間炒豆，不許點燈，不許倒垃圾。這些禁忌只有在皇帝「出痘」的情況下才會出現，所以有一些史學家認爲順治是死於天花。

傳說元明二朝是被自己咒死的：一，元代專用於大典、登基的正殿取名「大明殿」，結果元亡於明；二，明代的朝門叫「乾清殿」，結果明亡於清；三，崇禎在盧溝橋建行宮，分別取名爲「永昌」「順治」，不久逼其上吊自殺的李自成年號即爲永昌，清世祖福臨的年號即爲順治。這是歷史巧合，還是天注定？

順治帝福臨雖然擁有遠大的理想和樂於進取的精神，但是剛愎任性而且容易動怒。他的母親孝莊對其極爲瞭解，告誡他做事要心平氣和，冷靜對待。

順治帝即位不像他的爺爺和老爹那樣需要南征北戰，此時的大清朝已入主中原，擁有了比較穩定的基礎。順治即位前，皇太極統一了整個東北，建立起關東一統的大清帝國。這時的大清朝，雄心勃勃，兵鋒屢指關內，意欲逐鹿中原，統一華夏。順治這個年號反映了清人當時想要實現「治國順利，華夏一統」的願望。

Q 皇帝的乾爹

順治帝還有一個乾爺爺叫湯若望。順治親政後，湯若望不僅給皇太后治好了病，還給福臨未婚皇后博爾濟吉特氏治好了病。莊太后非常感激，就請他參加皇帝的大婚典禮。莊太后尊湯若望爲義父，福臨自然不能夠亂輩分，就尊稱他爲「瑪法（滿語：爺爺）」。

湯若望是德國傳教士，知識很淵博，順治帝非常喜歡他。湯若望漂洋過海，來到所謂的大清帝國，將西方的許多先進科技帶到了清朝。當時的皇帝對這些東西萌生了極大的興趣。於是，湯若望從一個西洋人迅速成爲一個清朝大臣，位居高層。不可否認，湯若望在促進中西方文化交流方面作出了巨大貢獻。

順治帝與湯若望的關係非常密切，還允許其隨時進入內廷。順治帝一方面向湯若望請教天文、曆法、宗教等學問，另一方面向他請教治國之策。順治曾兩年中廿四次親訪湯若望的館舍，作爲師友促膝交談。湯若望還曾向順治先後呈遞了三百多件奏帖，陳述自己的建議和見解，其中有很多還被順治採納。

湯若望對於康熙的即位起了重要的作用。順治在病重時，並沒有打算讓玄燁即位，他可能是因爲四位皇子年幼，曾想立一位堂兄弟即位。而莊太后和親王們都反對，主張立皇子。順治即想傳位年齡居長的次子，但莊太后看好三子玄燁，於是順治就想湯若望徵求意見。既然乾女兒莊太后就說話了，當老爹的也不好說了，湯若望也向順治推薦玄燁。

順治帝答應湯若望立玄燁爲帝，是因爲湯若望提出玄燁不會再出天花了。順治

帝並沒有打算立玄燁爲帝，湯若望卻提出玄燁已經出過天花，再不會被「這種恐怖的病症」侵擾了。就因爲這樣，順治當即接受了湯若望的建議，決定在遺詔中立玄燁爲帝。這個決定，改變了以前由八旗王公大臣共議新君的舊制，而改由皇帝立儲。

順治制定的四位輔政大臣都不是宗室出身，而是異姓大臣，他這是有良苦用心的。玄燁年幼，無法主持朝政，於是順治命索尼、蘇克薩哈、遏必隆、鰲拜爲輔政大臣。清初之前的輔政大臣，都是八旗宗室、皇親國戚。現在順治如此做，是不想讓親王攝政、幼主受挾持致使皇權分散的悲劇，在自己兒子身上重演。

Q 反清能不能復明？

孫可望和李定國都是張獻忠的義子，兄弟二人在西南有一定的影響力。張獻忠被豪格射死後，孫可望與李定國率大西軍餘部進入雲南貴州一帶，隊伍又日益壯大，建立了以昆明爲中心的政權。

李定國是一個軍事奇才。李定國十歲從軍，在張獻忠手下的時候功勳卓著，二十四歲時便成了張獻忠「大西」政權的第三號人物，地位僅次於兄弟孫可望。他隨孫可望到雲貴開疆拓土，功勞要比孫可望大多了，爲此一路「走紅」。然而，「人怕出名豬怕肥」，這卻招致了兄弟孫可望對他的妒忌。

順治九年（一六五二年），李定國請纓出擊南下清軍，在桂林周邊大敗清定南王孔有德，後來又逼得孔有德自殺身亡。李定國出師半年，拓地千里，勢如破竹。清廷爲此非常震撼，特派敬謹親王尼堪爲定遠大將軍，統領精銳部隊十五萬人，與李定國大戰。誰知，李定國善用謀略，連尼堪也被斬殺了。

李自成和張獻忠遺留下來的軍師力量與第三個南明朝形成聯合抗清陣線。尤其鼓舞人心的是李定國的節節勝利，又連殺清廷兩大名王。爲此，國人振奮，迎來了第二次抗清鬥爭高潮。

孫可望是南明的實權人物，但是此人是個小心眼兒，妒忌兄弟李定國比自己強。於是，他不但不配合李定國繼續收復國土，還令馮雙禮部偷襲李定國。哪知李定國不僅擊敗了馮雙禮，還收服了他。自此，二人的矛盾更加激化。後來，孫可望爲了一官半爵之爭，逆人心而爲打敗李定國後投清。

南明皇帝永曆帝竟然死於緬甸。自從李定國部被兄弟孫可望大敗後，大西軍元氣大傷，從此一蹶不振。李定國的抗清形勢急轉直下。順治十六年又派清軍三路會師，進軍雲南，攻陷昆明。永曆帝朱由榔逃往緬甸。順治十八年吳三桂進入緬甸，永曆帝被俘，處死軍前。自此，明朝統治者就此斷絕。

微歷史大事記

崇德三年（一六三八年），愛新覺羅．福臨降生，其母為永福宮莊妃，博爾濟吉特氏，即孝莊文皇后。

順治元年（一六四四年）正月，順治帝於大政殿（篤恭殿）受賀。三月，李自成攻陷北京。明崇禎帝自縊。四月，明吳三桂降清，封為平西王。五月，明福王朱由崧即位於江南，改元弘光，封史可法為大學士，駐守揚州督師。

順治七年（一六五〇年）十二月初九日，攝政王多爾袞逝於喀喇城。

順治十三年（一六五六年）閏五月，乾清宮、坤寧宮、交泰殿及景仁宮、永壽宮、承乾宮、鍾粹宮、儲秀宮、翊坤宮修繕完成。

順治十七年（一六六〇年）十月，大覺禪師玉林琇勸阻順治帝削髮為僧。

順治十八年（一六六一年）正月初二日，順治帝患痘，病危。正月初七日，逝於養心殿。初九日，玄燁即皇帝位。

第四章

清聖祖康熙帝時期

我真的還想再活五百年

關於玄燁生母的傳說已經流傳了幾百年。佟娘娘確有其人，她是佟圖賴的女兒，他的兄長是佟國綱，弟弟是佟國維。佟娘娘生於西元一六〇四〇年，十三歲入宮，爲順治皇妃；順治十一年生皇子玄燁，康熙登基時，被立爲太后。佟妃娘娘對歷史的最大貢獻，就是生了一代賢主——康熙。

玄燁的童年是灰色的，不幸福的。玄燁六歲時出痘被送出宮外，與老媽分離了很長時間，並沒有得到多少母愛。而老爹順治呢，一心放在董鄂妃身上，老媽佟妃並不得寵，而玄燁自然也沒有得到老爹的關愛。玄燁好不容易回到親人身邊，卻在八歲時死了老爹，十一歲時死了老媽，童年生活很苦。

玄燁能夠健康的成長，得感謝他的奶奶皇太后。孝莊教育兒子不怎樣，至少在順治的婚姻問題上，孝莊並不是一個成功者。她只能眼睜睜地看著自己的寶貝兒子爲了一個女人而尋死覓活。更可悲的是，兒子還是死於思念兒媳上，每當想起這些，她心裏就不是滋味。但孝莊教育孫子還是有一套的，她把更多的精力投入到小皇孫身上，擔任起對其教育的責任。

玄燁雖然在小的時候出了痘，臉上留下了幾個細小的麻點。但是瑕不掩瑜。玄燁五官端正、雙目有神、口齒清楚、舉止莊重，仍然是一個人見人愛的小帥哥。所以，孝莊一直認爲這個小傢伙將來一定會有出息的，她爲此傾注了很多心血。

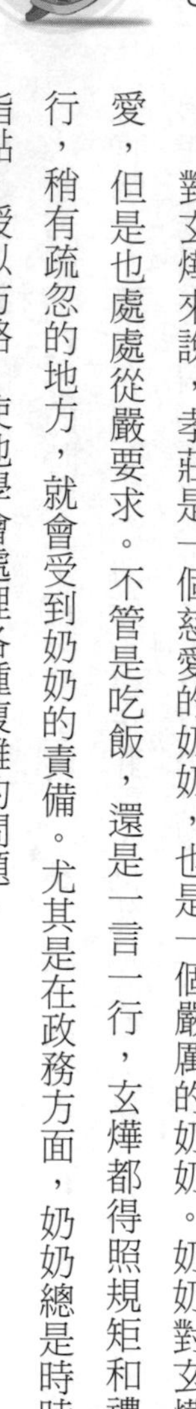

對玄燁來說，孝莊是一個慈愛的奶奶，也是一個嚴厲的奶奶。奶奶對玄燁很慈愛，但是也處處從嚴要求。不管是吃飯，還是一言一行，玄燁都得照規矩和禮儀而行，稍有疏忽的地方，就會受到奶奶的責備。尤其是在政務方面，奶奶總是時時給予指點，授以方略，使他學會處理各種複雜的問題。

玄燁五歲時就依照清朝的制度，隨眾上朝，還站班當差，併入書房讀書。玄燁讀書十分認真，從來不開小差，做小動作之類的。他還勤學好問，每天讀書都讀到深夜，從來不感覺倦怠。長大後的康熙，更是知識淵博，通古知今，這都是他日積月累刻苦學習的結果。

順治十八年，順治帝病死養心殿，玄燁即位，年號康熙。康，安康，康寧；熙，熙攘，熙盛，興旺，意思是國家安康和平、天下黎民熙盛興旺。可見，康熙的使命很大一部分已經成爲保江山，而不是打江山。後來，康熙果真沒有讓他的老祖宗們失望。

康熙是一個文武雙全的皇帝。康熙一方面在奶奶孝莊的教導下，如饑似渴地學習文化知識，一方面還接受嚴格的軍事訓練。騎馬、射箭本來就是滿族人的強項，也是康熙軍事訓練的主要科目，他練就了一身過硬的騎射功夫。

在玄燁六歲時，也就是因出痘被送出宮之前，有一次，他同諸兄弟向老爹問安。

順治想試試兒子們的各自志向。老二福全說他將來想當個賢王。老五常寧才三歲，還不懂老爹的意思。問到玄燁時，他朗朗答道：「我長大以後，要向父皇學習，為國家盡力！」

四大輔臣

年幼的康熙是孝莊一手拉拔大的，為了維護孫子的地位，她多次憑藉個人魅力來平衡朝廷上的權力關係。孝莊對康熙的教育十分嚴格。她並沒有從其家族中選皇后，而是欽選索尼的孫女做皇后，借此來牽制鰲拜。這體現了孝莊的用心良苦。

四大輔臣裏面，索尼的年紀最大，地位也最尊貴。一時間，巴結索尼的人是絡繹不絕。鰲拜自認為自己勞苦功高，和許多官員相互勾結，拉攏朝中大臣，有忤逆之心。蘇克薩哈卻是目光短淺，和索尼、鰲拜的關係不是不好。索尼與鰲拜是當時說話最有分量的兩個人。

鰲拜是一個直性子的人，是啥就是啥，絕不拖遝。皇太極死後，多爾袞掌握實際的權力，鰲拜完全可以投奔多爾袞保全自己，但是他沒有，他覺得自己可以不用依附任何人活在世上。他對故主皇太極忠心耿耿，一片赤誠，而對福臨也始終堅守臣節。

可是，當了康熙的輔臣後，他就慢慢變了。

索尼的一生都在爲清朝貢獻自己，多爾袞死後，順治讓他恢復原職，重任首府大臣。索尼一生兢兢業業，嚴明法度。他提出過一個重要建議：除了開國元勳的官職可享受世襲，今後如果沒有特殊的戰功，不要有賜世襲的待遇。這在當時的社會是一個很大的進步。他還主張發展生產。

索尼晚年身患重病，幾乎不上朝。少了首府大臣的干預，鰲拜開始變得橫行霸道，不可一世。當時康熙年齡還小，沒辦法對付鰲拜，爲了儘早讓康熙登基，掌握實權，索尼提出讓康熙儘早親征。但康熙卻不想太早登基，可能是他覺得時機還未到。

索額圖在清朝的歷史上也留下了濃墨重彩的一筆。索尼的三兒子索額圖最光宗耀祖，他遵從父親的家訓，智擒鰲拜；在平定吳三桂等叛亂中，他正確貫徹玄燁的意圖，與俄羅斯使臣進行邊界談判，並運用談判和軍事文武兩手，簽訂《尼布楚條約》，實現了邊境和平；他還平復了噶爾丹叛亂等，爲國家統一和領土完整作出了重要的貢獻。

索額圖的升遷並不是憑他的老爹，而是憑自己的實力打拼來的，其老爹只是其進入朝廷的引路人。幾十年的官場生活裏，他的官路一直亨通，康熙八年八月，索額圖升任大學士，康熙九年索額圖改爲保和殿大學士，一直到康熙十九年八月離任。在這十年中，他成爲朝廷裏最有權勢的大臣，在平定「三藩之亂」，穩定全國動盪的局面中，發揮了重大的作用。

康熙和鰲拜是何時結下的梁子？鰲拜，本來是清朝第一勇士，戰功赫赫，但是因爲戰功赫赫，他開始變得橫行霸道，目中無人，時不時對小皇帝大喊大叫。對此，小皇帝也就忍了，但有一次鰲拜故意託病不朝，康熙忍氣探望，在鰲拜的席子下看見利刀。這件事以後，康熙下決心要除掉鰲拜。

康熙深知鰲拜驍勇善戰，想拿下他並不是容易的事，必須先麻痹鰲拜的警惕性再說。康熙首先依靠長期侍衛他的親信索額圖和明珠，拉攏一部分朝臣。然後，又從滿洲子弟中選拔一批勇武少年，組成宮廷衛隊，令索額圖率領他們天天在宮裏演習摔跤，實際上是訓練武功，亦借此麻痹鰲拜。而鰲拜對此並不介意，他還認爲康熙胸無大志，只知道玩耍。

一天，康熙帝在南書房召見鰲拜，侍衛們給他上了一個斷了一個腳的椅子讓他坐。康熙又命人上茶，誰知這茶燙得要死，鰲拜剛喝一口就被燙得大喊大叫，把茶給扔到了地上。康熙大喊：「這是對我的大不敬。」這時，埋伏在書房外的侍衛們乘機將鰲拜擒拿住。

康熙最寵愛的是孝誠仁皇后，可能是太喜歡她了，在她生完孩子死後，康熙馬上就封她生的孩子爲太子。但這太子不爭氣，沒本事就算了，還老出問題，康熙對他的錯誤是睜一隻眼閉一隻眼，可見康熙有多愛孝誠仁皇后！

康熙到底有多少女人，其實誰也不知道。康熙是清代有名的聖君，在他六十八年的人生中，有子三十五人，有女二十人。在有正式登記註冊的子女就有六十五位之多，其餘尚有多少隱沒無名，則已不知了。康熙光是皇后就曾經封過四位！

康熙是君王中少有的深愛皇后的一個君主。從康熙立皇后所生的一歲皇次子胤礽爲太子可以看出。但最後胤礽因身體每況愈下，以及在朝中結黨而被廢。太子被廢後，眾皇子對皇位虎視眈眈，彼此間的矛盾有增無減，因此太子廢而復立，但康熙無法容忍其繼續結黨，三年後再廢太子。最終他在臨終時傳位於四子胤禛。

原本老當益壯的康熙突然去世，死因是什麼？有人說，康熙是中毒而死。雍正朝中一個大臣在筆記中記載說，皇上在園子中遊玩，突然感覺不適，就喝了一碗湯，然後就死了。有人說兇手是雍正，他認爲老爹在位時間太長了，老是不死的話，自己就沒法登基。

Q 邊疆有問題

康熙是歷代君王中能文能武的一個典型。他自幼習武，善於騎射。每次狩獵，康熙打的獵物總是最多的一位。康熙曾經自稱一天打死了三百隻兔子，可見其對自身武力的自信。頭天晚上還在做數學題，第二天一早就盡興馳騁，可見康熙精力之旺盛。

自古以來，一說到蒙古問題，歷代君主都感覺頭大，但到了康熙這裏，簡直是小菜一碟。蒙古曾經分爲漠南、漠西和漠北三大部分。康熙的曾曾祖父和曾祖父，努爾哈赤和皇太極，經過兩代人的努力完全收服了漠南蒙古。康熙通過一系列的籠絡措施收服了喀爾喀蒙古。解決了蒙古這個兩千年來沒有解決的歷史難題，康熙功績斐然。

北方民族一直是困擾中國古代的一個難題。康熙時期冒出了一個噶爾丹，這個噶爾丹真是不讓人省心，處處和康熙作對，搞得康熙很是不爽。噶爾丹和達賴喇嘛密謀，乘機奪占南疆地區，還侵佔新疆的喀什。當然，被侵佔地區的人民不是那麼容易屈服的，許多人民紛紛反抗噶爾丹的侵略直至戰死。

噶爾丹羽翼豐滿之後，便開始了對外擴張的道路。他藉口自己的弟弟被殺，分兵攻打蒙古，依靠沙俄對自己的支持，大肆宣揚沙俄軍隊即將到來。當時許多蒙古部落

正在和沙俄進行鬥爭，噶爾丹借此機會和沙俄裏應外合，消滅了蒙古部落。

噶爾丹極具野心，在侵佔了北方許多疆土後，又覬覦喀爾喀城。在沙俄的支持和慫恿下，噶爾丹以追尋部落走散的士兵爲藉口，集兵三萬，渡過烏札河。當地人民和士兵奮勇抵抗，後因寡不敵眾，不久就被攻佔下。康熙帝一面警告沙俄不要干涉中國內政，一面令理藩院尙書備戰，徵調科爾沁等部兵至軍前，聽候調遣，時刻準備著！

烏爾會河之敗，使康熙帝意識到噶爾丹的實力不可小覷，要是不徹底把他擊敗，將會養虎爲患。康熙帝決議親征噶爾丹。他命裕親王爲撫遠大將軍，皇子允禔爲副將軍；恭親王爲安北大將軍，出征喜峰口。大敗噶爾丹勢在必得！

康熙率領清軍親政噶爾丹時，清朝的戰爭準備並不充足，武器也很落後，而噶爾丹用的是沙俄爲其提供的先進武器。在一次戰役當中，噶爾丹取得了勝利，還俘獲了不少戰利品，認爲清朝軍隊也不過如此。可惜噶爾丹錯了，他太小看康熙了，也太小看清朝了，這爲他後來的失敗埋下了伏筆。

康熙的清軍與噶爾丹軍隊ＰＫ時，驕傲輕敵的噶爾丹被康熙打得大敗。本來噶爾丹軍隊已經做好了充分的準備，他擺的軍隊陣型是歷史上很罕見的一個陣型，叫駱駝陣。清軍戰士看到如此罕見的陣型後，大部分都心生畏懼，不知所措。但其中有個將領自告奮勇，願意作先鋒。那個將領用紅衣大炮狂轟噶爾丹隊形，駱駝聽到炮聲，四

處逃散，噶爾丹大敗！

噶爾丹臉皮真是厚，打了敗仗還不甘心，又派使者和清朝談判，說只要清朝給他想要的土地，他就老老實實地退兵。噶爾丹派使者來索要土地，結果被罵了回去。噶爾丹回到大本營，心裏很不爽，他認爲自己還有能力。於是，又重整旗鼓，積極聯絡沙俄。沙俄見這小子如此堅決地想要背叛國家，決定再次支持噶爾丹，讓他繼續在中國的北疆搗亂。

康熙的本意是希望和平共處，只是噶爾丹太不領情了，屢次在北疆搗亂。打了幾次仗之後，康熙認識到戰爭中最受傷害的是百姓，於是想和噶爾丹和平共處。他幾次派遣使者去說服噶爾丹，希望噶爾丹可以安分守己，不要再搗亂，以維護國家團結穩定。噶爾丹並沒有領康熙的情，他認爲康熙是在爲消滅自己做準備，想要削弱自己的實力。

沙俄支持噶爾丹，也是有自己的小算盤的。噶爾丹已經和沙俄商量好等來年水草豐美之時，沙俄就會爲噶爾丹提供大量的資金和武器裝備，讓他繼續在北疆撒野。而沙俄呢，希望噶爾丹把中國北疆搞成一個殘局，到時候他們就可以坐收漁翁之利了。

康熙爲了防止噶爾丹東山再起，已經做好了充足的軍事準備。康熙決定分三路出征噶爾丹：東路以黑龍江將軍薩布素爲主將，率領東三省主力，會同漠南蒙古科爾沁

部作戰；西路以大將軍費揚古爲主將，率領陝甘兵出寧夏，截斷噶爾丹的歸路；中路由康熙御駕親征，出獨石門，爲東、西路軍壓陣。

正是由於噶爾丹的目中無人，麻痺大意，才會被康熙的清軍打敗了。噶爾丹知道和康熙爭個你死我活是不可避免的，但從未想到清軍的軍隊速度竟如此神速，被嚇得屁滾尿流，連夜逃走。他更不曾想到，康熙在半路設了埋伏，等著他上鉤。由於準備不足，雙方大戰之後，噶爾丹死傷無數，又一次大敗。

康熙爲清朝邊疆的穩固和權力的加強作出了巨大的貢獻。他平定三藩，使飽經滄桑的廣東，終於步入恢復期；統一臺灣，平定準噶爾汗噶爾丹叛亂，並抵抗了當時沙俄對我國東北地區的侵略，簽定了中俄《尼布楚條約》，維持了東北邊境一百五十多年的和平。

掌上明珠

明珠的一生可謂功過相當，掌管國家大事，在議撤三藩、統一臺灣、抗禦外敵等重大事件中，都扮演了舉足輕重的角色。但作爲封建權臣，他利用皇帝的寵信，獨攬朝政，貪財納賄，結黨營私，打擊異己，在封建統治集團的內部鬥爭中，經歷榮辱興

衰，有起有落。

明珠也是滿洲貴族，只是到他這一代，家族已經不興旺了，但明珠憑藉自己的才能一步一步走向權力的頂峰，和索額圖分庭抗禮。剛開始其爲兵部尙書時，由於工作出色，被皇上看重。明珠在所有的職位上都幹得很漂亮，在行政部門、軍事部門都任過職，幹得都相當的不錯，很受康熙的讚賞，這與其後來的步步高升有很大的關係。但功成名就的明珠也開始與他人勾結，形成黨派，這是康熙在晚年非常頭疼的一件事。

康熙晚年開始治理黨派鬥爭。他命人搜集明珠的各種罪證，但並沒有對明珠採取極端手段，而是採取相對仁慈的方式，罷官，清除餘黨。康熙這樣做的目的，從一定程度上說，是牽制索額圖黨派的需要，因爲朝廷需要一個平衡，不平衡的朝廷對整個國家都不利。

在征服噶爾丹的過程中，明珠因爲辦事不利，康熙極爲不滿，讓明珠官降四級，嚇得明珠不知所措。還好在後面對付噶爾丹的過程中，明珠表現得非常出色，又得到了皇上的肯定，官復原職。

明珠在任期內奉玄燁之命，以主任之職參與重修《清努爾哈赤實錄》、《清皇太極實錄》，編纂努爾哈赤、皇太極、世祖《三朝聖訓》，以及《政治典訓》、《大清

會典》、《大清一統志》、《明史》等。其所編之書多爲清朝首創，爲後代所沿襲，其中《大清會典》是清朝康熙以前各項政治制度的集大成之作。

納蘭性德於順治十一年生於北京，其老爹是康熙時期大名鼎鼎的「相國」明珠，老媽愛新覺羅氏爲英親王阿濟格第五女。其家族那拉氏隸屬正黃旗，爲清初滿族最顯赫的八大姓之一。納蘭性德的曾祖父名金台吉，爲葉赫部貝勒，其妹爲孟古哲哲。納蘭家族與皇室的姻戚關係非同一般。

納蘭性德是歷史上有名的人物。納蘭性德二十歲結婚，成婚後，夫妻二人相親相愛，小日子過得非常幸福美滿。生活的幸福激發了他的詩詞創作。但好景不長，老婆因難產而亡，讓納蘭性德痛苦不已。納蘭性德沒過多久，就又娶了其他女子做老婆。在三十歲的時候，納江南才女沈宛爲妾，著有《選夢詞》。

作爲一個賢明的君主必定會重視文化和教育的發展，康熙也不例外。康熙曾多次舉辦科考，創建了南書房制度，親臨曲阜拜謁孔廟，爲世人做出了榜樣。他還組織編輯並出版了《康熙字典》、《古今圖書集成》、《曆象考成》、《數理精蘊》等圖書、曆法和地圖。康熙還向來清朝的傳教士學習先進的科學文化等方面的知識，並頗有造詣。

康熙十分重視農業生產。由於明末清初戰亂不斷，生產力極其低下，康熙從實際出發，採取了一系列恢復和發展農業生產的措施。他下令停止圈地，並六次下江南巡察黃河和水利，修繕黃河、淮河、永定河。康熙的重農治河，興修水利，使得其在位期間社會生產力迅速發展。

康熙在位時，就制定了「永不加賦」的政策，取消新增人口的人頭稅。康熙的這一減稅行爲不管是在當時，還是在後人來看都是符合社會生產規律的，其最終促進了農業經濟的發展，使得清朝耕地面積迅速增加，糧食產量大幅度提高，經濟作物廣泛種植，這些奠定了「康乾盛世」的基礎。

一個君主對西方的態度決定著這個國家的科技文化水準。剛開始，康熙對西方文化也十分感興趣，向來華傳教士學習各方面的知識，對基督教也很有好感，後來他發現一些教派組織開始利用教派人員干預中國內政，大爲惱怒，開始抵制西方文化。

康熙即使擁有「一代賢明君主」的稱號，也不代表他在任何方面都表現得非常賢明，在某些問題上，他也存在著保守落後的思想。他雖然統一臺灣，開放了海禁，卻禁止南洋貿易。這不利於清朝與外界的海上貿易。他崇尚儒學到了癡迷的程度，尤其

是朱熹理學。

Q 收復臺灣的人

施琅其實是個不可多得的人才，他原先是鄭成功的手下，經過自己的努力，成為鄭成功手下最為有才華的將領，深受鄭成功的喜歡，成為鄭成功部下最為年少、知兵、善戰的得力驍將，但是美好的時光並不長久。一次因為和鄭成功的意見不合，施琅被免去了職務。

施琅被鄭成功免職之後，閒著沒事，便回到廈門去看看，正好遇到清軍在圍攻廈門。這時的廈門守將已經嚇得不行，猶如驚弓之鳥，棄城逃跑。施琅見狀，立馬和清軍交手，遇鬼殺鬼，遇佛殺佛，殺死清軍馬得功之弟，馬得功差點被活擒。

施琅殺犯法親兵惹毛了鄭成功，鄭成功便抓捕了他的父親和他的幾個兄弟。施琅覺得臺灣已經不適合自己，就用計逃跑了。看見施琅跑了，鄭成功便把他的老爹和哥哥殺掉。這時施琅對臺灣已無眷戀，於是投奔清朝，成為水師提督，後平定臺灣，順利招撫鄭氏集團，並上書清廷將臺灣納入中華版圖。

臺灣的失敗，很大一部分跟他的領導人能力有關，雖然鄭成功還可以，但其後的領導人一個不如一個。後來又出來個鄭克臧。鄭克臧聰明能幹，做事井井有條，從來沒有過失，很受鄭經的寵愛和信任。鄭經病逝後，馮錫范毒死鄭克臧，立十一歲的傀儡鄭克塽爲延平王，遭到世人的唾罵。

臺灣畢竟是個彈丸之地，在清軍水師大舉壓境之時，鄭氏集團知道自己不是清朝的對手。再加上施琅對清軍水師的調教，攻打臺灣只是個時間問題。在施琅大軍壓境之下，鄭克塽還算是聰明的，聽從了劉國軒的勸告，投降清朝。

施琅的才能是有目共睹的，但他的爲人卻讓人不能恭維。施琅在海戰方面擁有比別人更高的理解力，熟悉海上的一切，但是他的脾氣總是讓他和上級鬧不和，這就太不好辦了，他在福建降清，但追隨鄭成功在東南抗清，後來與鄭成功不和，便再度降清。由於他兩面三刀，玄燁並不重用他。

姚啓聖爲了臺灣的早日回歸，向朝廷舉薦了施琅，當時朝廷並不看好施琅，只是姚啓聖願以命相保，康熙這才同意啓用施琅。剛開始兩人還能和平共處，到後來，可能都想爭得奪台第一功，他倆間的矛盾越來越大，直到不可調和。

施琅並不是一個只會帶兵打仗的人，也懂得官場之道。在朝廷上，他秘密聯絡明珠，爭取明珠對他的支持。玄燁在攻打臺灣問題上，一直看好李光地的意見，施琅便極力拉攏李光地，當康熙徵詢李光地的意見時，李光地明確表示支持自己的同鄉施琅

打臺灣，於是康熙正式下旨令施琅打臺灣。

收復臺灣的兩個人，一個施琅，一個姚啓聖，兩個人的結局反差太大，施琅在收復臺灣之後，加官進爵，享受榮華富貴，而姚啓聖在收復臺灣之後，一直有人在背後說他的壞話，這些壞話傳到了康熙的耳朵裏，導致姚啓聖不斷受到康熙的指責。收復臺灣四個月後，姚啓聖在極度的憤悶中疽發而亡，死的時候，家裏窮得已經揭不開鍋了。

姚啓聖的一生可謂跌宕起伏，在爲官的時候，他沒有很好地管理好自己的手下，任由他們胡作非爲，因爲姚啓聖離不開他們，姚啓聖需要他們爲自己服務，爲大清服務。除了自己的平臺方略，姚啓聖沒有什麼可以依靠的，更可惜的是，連他的平臺方略都被明珠奉爲是玄燁的。勝了是皇帝的，敗了是自己的。真悲情呀！

Q 慧眼識才——周培公

周培公是個孝子，爲此還幹了一件雷人的事情。在平定甘肅、陝西的叛亂之後，吳三桂的威脅大大減少了，因爲他在西北的羽翼被折斷了。周培公在這次平叛中立下赫赫戰功，但他對獎賞只有一個要求：自己的老媽孫氏以父死殉節，望皇上能給母親嘉獎。

周培公為大清立下了赫赫戰功，康熙怎能不買單呢？由於周培公什麼獎賞都不要，只要求朝廷對其老媽嘉獎，康熙竟然答應了。並且對周的老爹和老媽都進行了嘉獎，這在歷史上並不多見。康熙還親自為其的爹媽撰寫祭文，規定了祭祀規格，讓武昌道參政吳毓珍辦理。

周培公的才能猶如當年的張良運籌帷幄，決勝千里。在滅察哈爾、降王輔臣、征吳三桂等戰役中威風凜凜，立有不世功勳。周培公的一生，也是跌宕起伏，與大清國、玄燁朝緊密相連，既有幸運，也有不幸，後人觀之，感慨不已。

命運是最會作弄人的，雖然它賜給了周培公一生的才華，但周培公的身體一直是個隱患，他一進入東北就開始不斷患病。後來康熙想把周培公調到蒙古，攻打噶爾丹，但這時的周培公身體已經不行了，無法再為國家作貢獻。在生命的最後一刻，他將自己繪製的《清全圖》獻與玄燁。

周培公能出人頭地，離不開玄燁的慧眼識才。想當年，周培公不過是科考落榜生，彷徨無依。康熙微服私訪路遇周培公，交談之下，發現周培公文武全才，將天下大勢分析得一清二楚，乃不可多得的人才。康熙破格提拔他，讓他進入朝廷，為國家出力，而周培公沒有讓康熙失望。

人的一生不可能一直那麼順風順水，周培公確實遇到了一位賢明之君，但他也不可避免地遇到了明珠和索額圖這樣的黨派首領，這麼有才的人誰不想拉攏？但周培公就是不甩他們，不甩他們的結果就是，他們聯合起來要把周培公置於死地！堅持自己的原則真的很不容易！

周培公一生爲人坦蕩，從不阿諛奉承，堅持自己的原則。有人讓他去拜見明珠，他認爲沒有理由去拜見，從而得罪了明珠，明珠便把周培公最喜歡的女子許配給別人，讓一段愛情童話就此終結，這讓周培公認識到朝廷的黑暗。索額圖拉周培公入太子黨不成，便經常向康熙進讒言，最終周培公赴苦寒之地任職，疾病纏身、鬱鬱而終。

在康熙時期，沒有人能在文治武功方面超越周培公，康熙皇帝也一直誇獎周培公的才能。康熙時期還有一個非常有才華的人物，但在和周培公的一番較量後敗下陣來，輸得是心服口服。由於周培公才華過高、一身傲骨，加上又是漢人，遭到眾大臣的彈劾，於是周培公到死也沒有進上書房，這算是他的悲哀吧！

周培公的職務一直在索額圖、明珠、高士奇等人之下，混了一輩子也沒有當上丞相。這還不算，即使在帶兵打仗過程中，周培公也不過是個副將，而主將是滿人圖海。圖海是個將才，周培公卻是難得的帥才，這樣的搭配在歷史上算是難得一見！

周培公在大清的歷史上，書寫了極爲輝煌的一頁。周培公在大清朝即將滅亡之際，積極出謀，奔走效勞，在關鍵時刻拯救了大清朝，使大清的國祚得以延長近二百年。他對大清朝的貢獻可謂彪炳千古，高山仰止。可是，世態炎涼，周培公在拯救了大清朝之後，奇蹟般地消失在了茫茫人海中。周培公的事例不僅是他本人的悲哀，也是整個清朝的悲哀。

英雄難過美人關

從古至今，成爲政治犧牲品的女子數不勝數，爲了爭奪勢力而犧牲自己女兒、妻子的人，更是不在話下，吳三桂家族就是一活生生的案例。吳三桂出身於名門望族，親眼目睹了明朝是怎麼丟城失地的。後來他娶了祖大壽的妹妹爲老婆。祖、吳兩家的聯姻，使吳襄、吳三桂父子找到靠山，實力不斷增強。

有時候，對那些注定打不了勝仗的武士們來說，逃跑未必是件壞事，這一現象在吳襄身上體現得淋漓盡致。在一次激烈的交戰中，軍隊的一把手吳襄本來應該率領軍隊支援祖大壽，誰知，他竟然臨陣逃脫，後來被免職了。

吳三桂擁有如此大的權力，和他老爹吳襄在年輕之際立下汗馬功勞，有著密不可分的關係。吳襄官復原職後，吳三桂也開始得到重用。沒過幾年，吳三桂又被提拔，當時他才二十三歲。又過了三年，吳三桂任前鋒右營副將，相當於二把手，時年二十六歲。

吳三桂能夠得到賞識和器重，還和一個人有著密不可分的關係，這個人就是崇禎。吳三桂奉命入關，來支援京城，抵禦清軍的進攻。但他行動緩慢，到達目的地的時候，清軍早就撤兵了，可是崇禎還是很器重他，感謝他來北京幫忙。後來，崇禎帝在武英殿宴請吳三桂等人，還賜予吳三桂尙方寶劍。

雖然吳三桂在沙場馳騁，可終究敵不過美人的回眸一笑。他拜見崇禎後不久，應邀到國丈家做客。就在這裏，吳三桂遇見了陳圓圓，自此便開始了一段紅顏佳話。歷史就這樣機緣巧合地輪轉著。

在明朝三座重要城池淪陷後，吳三桂的寧遠，成爲山海關外一座孤零零的小城。這時的寧遠，已經沒有任何的戰略意義。第二年，明朝正處於滅亡的邊緣，這使吳三桂深深陷入大明、大清、大順的選擇中，他不知到底該作出怎樣的選擇。後來的史實告訴我們，歷史會因爲一個女人而改變。

大順的軍隊已經快要到達京師了，崇禎帝急忙發佈告示尋求有才之人，並命吳三桂火速趕回北京。吳三桂從寧遠到山海關，兩百里路程，慢悠悠地走了十一天。這時李自成派人帶四萬兩白銀前去招安吳三桂，吳三桂沒有同意。等李自成攻破北京，崇禎自殺後，吳三桂還在猶豫。

據說陳圓圓是個名妓，善歌舞，長得傾國傾城，因其當初的回眸一笑百媚生，深深地迷住了吳三桂。後來吳三桂把她納爲小老婆。吳三桂坐鎮山海關，李自成農民起義軍攻克北京時，陳圓圓曾被俘。

有時候，女人真的是紅顏禍水。李自成的農民起義軍威震朝廷，崇禎帝日夜不安。一些趨炎附勢的外戚們準備給皇上找尋絕色美女，以舒解皇帝的憂慮之心，遂令大學士下江南尋找。該大學士找到了蘇州名妓陳圓圓後，被其姿色醉迷，不想，在進獻給皇帝的途中，被李自成給霸佔了。

英雄難過美人關是吳三桂的真實寫照。儘管馳騁沙場數十年，吳三桂也能不例外。在父親的勸說下，爲了防止惹是生非，吳三桂將陳圓圓留在京城府中。李自成打進北京後，陳圓圓被李自成的部下所掠。後來，吳三桂準備答應投降李自成時，聽說自己的圓圓已被李自成的部將所占，衝冠大怒，馬上打開山海關，與農民軍開戰。

據說李自成戰敗後，把吳三桂家中三十八口全部殺死，然後棄京出走。吳三桂爲報滅門奪老婆之仇，晝夜追殺李自成的農民軍。後來吳三桂的手下在京城找到搜尋到蘇州名妓陳圓圓後，快馬加鞭護送至吳三桂身邊，吳帶著陳圓圓獨佔雲南。

吳三桂實力漸漸壯大後，被封爲雲南王，他想把陳圓圓立爲正妃，陳圓圓藉故推讓，吳三桂只好選了其他人。誰知道吳三桂所選的正妃不懷好意，多次陷害陳圓圓，陳圓圓只好獨居別院。圓圓失寵後，漸漸對吳三桂失去了信心。

＊微歷史大事記＊

順治十一年（一六五四年）三月，愛新覺羅・玄燁出生，即康熙帝，清朝第四位皇帝、清定都北京後第二位皇帝。

康熙五年（一六六六年）正月，輔臣鰲拜與蘇克薩哈因換地相爭，自此鰲拜專權。

康熙八年（一六六九年）五月，詔逮捕鰲拜交廷鞫。

康熙十二年（一六七三年）十一月，吳三桂殺巡撫朱國治，舉兵反叛。

康熙十四年（一六七五年）十二月，立皇子胤礽為太子。

康熙十七年（一六七八年）三月，吳三桂在衡州（今湖南衡陽）稱帝，年號昭武。

康熙二十年（一六八一年）十一月，定遠平寇大將軍等率軍入雲南，吳世璠自殺，三藩之亂徹底平定。

康熙二十八年（一六八九年）七月，派索額圖與俄國使臣會談於尼布楚，簽訂《中俄尼布楚條約》，確定中俄東段邊界。

康熙四十四年（一七〇五年），康熙帝與羅馬教廷發生衝突，傾向禁教。

康熙五十五年（一七一六年），準噶爾部策妄阿喇布坦禍亂西藏。

康熙五十九年（一七二〇年），冊封新胡畢勒罕為六世達賴喇嘛，結束了五世達賴喇嘛之後的西藏宗教領袖不定的局面。

康熙六十一年（一七二二年）十一月，康熙帝不豫，還駐暢春園。命皇四子胤禛恭代祀天。病逝。即夕移入大內發喪。遺詔皇四子胤禛即位，是謂雍正帝。

第五章

清世宗雍正帝時期

最勤勞的公務員

Q 奪位疑雲

胤禛從小就受到良好的教育，老爹康熙也很看重他。胤禛六歲就進尙書房。十四歲時，胤禛同內大臣費揚古的女兒烏喇那拉氏結婚。再長大一些，就隨同老爹康熙帝四處巡幸，並奉命辦理一些政事，得到很好的鍛煉。三十二歲時，胤禛被封爲雍親王。在康熙的眾多兒子中，只冊封了三個親王，他就是其中之一。

胤禛本來當皇帝的願望並不強烈，然而，是當時的形勢造就了他。胤禛的文治武功都很優秀，這一點他老爹也很讚賞。他自己本來也沒有太大的野心，能做個「賢能之王」，流芳百世就行了。但是，康熙四十七年的一件大事，徹底改變了胤禛的生活軌跡，也讓他的「野心」膨脹了起來。

太子胤礽不受老爹康熙的重視，是康熙一手造成的。由於太子胤礽是康熙帝寵愛的孝誠仁皇后所生，可惜這個皇后紅顏薄命，生下太子不久就死了。所以康熙帝對太子格外重視，也非常憐愛。有一部分王公大臣集結在太子身邊，形成了「太子黨」。太子黨極力推動太子早日即位，太子本人也非常猴急，只恨老爹康熙不死，常常出言不遜。

康熙帝廢黜太子胤礽的導火線，竟然是因爲皇十八子胤祄的意外病死。愛子的突然夭折讓康熙悲痛至極，其他皇子們也爲同胞手足的失去而傷心不已。然而，唯有胤礽身爲皇太子像沒事兒人一樣，依然談笑風生。康熙帝立即大怒，當眾指責了胤礽一頓。誰知，胤礽比康熙的嗓門還高，當面頂撞老爹。之後，康熙對胤礽失望透頂了，心裏暗暗有廢太子之意。

康熙帝廢黜太子是無奈之舉，他本人爲此也很傷痛。康熙帝還發覺，每當夜幕降臨，胤礽總是逼近行宮大帳篷外探頭探腦，從縫隙向內窺視。這些都讓康熙感到自己的處境很危險。康熙帝爲了避免夜長夢多，就先發制人，把太子廢了。廢太子當天，康熙聲淚俱下，竟然昏倒在地。

關於太子瘋癲有很多說法，有人說是雍正下藥所致。在當時有一種藥物，是用來治療失眠的，但是不能過量使用，否則會使人變成瘋子，精神失常。雍正用手段讓太子吃了此藥，後來太子發狂，見人就打，見東西就摔，最後連大小便都失禁了。太子妃十分害怕，趕緊向康熙彙報。康熙只好昭告天下，廢了太子。

皇長子胤禔在皇太子一位空缺後，野心也開始膨脹起來了。皇長子胤禔不是正宮娘娘所生，所以不能當太子。由於廢太子時，他護駕有功，康熙還讓他監管胤礽的所作所爲。老爹這麼做，卻讓胤禔誤解了，他以爲老爹有立他爲太子的意圖。所以，他就向康熙表示願替老爹殺死胤礽。哥哥急切地殺死弟弟，這是什麼樣的心理？康熙爲此看透了他的心狠手辣。

他感到自己立儲無望後，找了個道士出謀劃策施行巫術，期望捲土重來，事情洩露後被康熙囚禁。

八賢王胤禩更是一個不知道自己有幾斤幾兩的人。胤禩的政治小集團「八爺黨」是所有朋黨之中勢力最強的一支。胤禩的老媽良妃衛氏地位非常低下，根本不受康熙帝的重視。但胤禩是個不認命的人，他企圖謀位的活動更加頻繁。只不過他謀位的策略高明些，他以仁愛好禮出名，不過都是裝的。康熙也看出了他的意圖，總是說些打擊他的話。

康熙帝決定廢胤禩的爵位，是因爲他的野心表現得太明顯了。一次，康熙帝出塞狩獵回京，胤禩不但不恭迎老爹，反而派太監送去兩隻快要死的鷹，以此來表示對老爹狩獵之事的藐視。康熙帝當時感覺肺都快氣炸了，大罵胤禩不孝不義。後來，眾人推薦胤禩爲康熙的接班人。胤禩還裝模作樣的問老爹自己該怎麼辦。康熙大怒，下令囚禁胤禩，廢其爵位。

相對於對皇位火熱追求的眾兄弟來說，胤禛就比較「油條」一些，因爲他懂得韜光養晦。正當眾兄弟們拉幫結派，相互傾軋，都在覬覦他老爹康熙的寶座的時候，

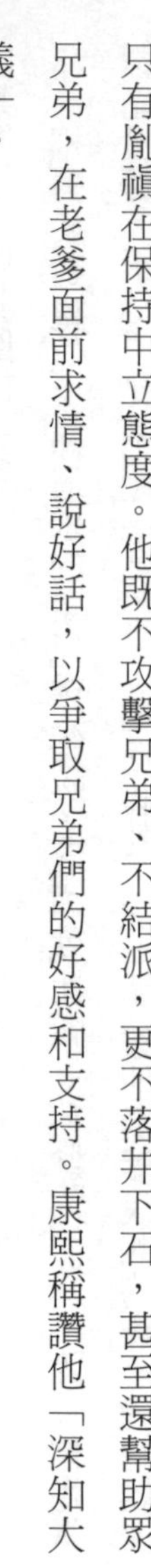

只有胤禛在保持中立態度。他既不攻擊兄弟、不結派，更不落井下石，甚至還幫助眾兄弟，在老爹面前求情、說好話，以爭取兄弟們的好感和支持。康熙稱讚他「深知大義」。

誰說虎父無犬子？如虎狼一樣有謀略、有作爲的康熙，也有沒有一點兒野心的兒子。五阿哥胤祺、七阿哥胤祐、十二阿哥胤祹深知老爹的皇位輪不到自己，加上他們根本就沒有那樣的奢望。所以，他們乾脆也不去入那「虎穴」，一心安安穩穩地當著自己的親王，管你們打得頭破血流還是被囚禁削爵，都與我無關。

康熙爲了不讓兒子們再有奪位之爭，只好再次立胤礽爲太子。康熙對於眾皇子的明爭暗鬥，感到心力交瘁。不管怎麼說，手心手背都是肉，康熙也不願意看到兒子們不和睦，到最後弄得白髮人送黑髮人。康熙爲了杜絕兒子們爭奪皇位，只好釋放了廢太子胤礽和皇八子胤禩，恢復了胤禩的爵位，並且再次立胤礽爲太子。

一朝被蛇咬，三年怕井繩。皇太子胤礽第二次被廢後，康熙帝就不再預立皇儲了，他已經「因噎廢食」了。而後，大臣有爲建儲而向他進言的，多受處分。此時的康熙帝感覺自己像一個孤家寡人一樣，兒子們，不爭氣的不爭氣，太爭氣的野心又太大了。可皇儲之位一直空著也不是辦法，但立了之後，又怕出現胤礽那樣的皇太子，康熙感到痛苦極了。

儲位空虛長達十年之久，是因爲康熙自認爲自己還能再活幾年。人到老了的時候，常常會出現一種矛盾的心理：既擔心自己時刻都有死去的可能，卻又以爲自己還能再活幾年。康熙也是這樣想的，以至於立皇儲的事情一拖再拖，直到他乘鶴西去了，也沒有明確的太子人選。

皇十四子胤禵與皇八子的感情很好，胤禵還差點爲胤禩丟了性命。胤禵是雍正帝的同母弟。胤禵與胤禩很談得來，兄弟感情很深。當時，在胤禩因奪嫡而被索拿時，胤禵拼命保護胤禩，並說：「八阿哥並沒有謀反之心。」這一句話把康熙氣得火冒三丈，抽出佩刀要當場殺死胤禵。經過眾人規勸，才作罷。

皇十四子胤禵也有過皇帝夢。胤禵是一個精明的人，他謀取儲位時，先從廣泛聯絡士人開始。一次，胤禵借接見大學士李光地的門人翰林院編修陳萬策時，不僅讓陳坐上高坐，還稱呼人家先生。李光地是理學名臣，康熙帝在立儲問題上多次徵求他的意見，胤禵是企圖通過陳、李的聯繫，以此博得士人的好感，來提高自己的名聲。

胤禵頗有政治才能和軍事才能，然而，他老爹康熙帝只是欣賞他而已，並沒有立他爲儲的意思。正當胤禵通過自己虛僞的作風博得士人的好感，開始有走紅的趨向時，他老爹又給了他一次在政治上大顯身手的機會。胤禵被老爹任命爲大將軍，帶兵出征西北。胤禵也確實很有才能，戰功赫赫。後來，儘管封他爲王，卻沒有賜予封

號，而且讓他一直待在西北。

雍正帝剛開始被封爲雍親王，康熙六十一年繼承王位，第二年改元「雍正」。雍正在奪取皇位的過程中手段極其殘忍。和他奪權的兄弟，沒有一個是壽終正寢的。而康熙爺的許多近臣也被貶斥。所以雍正帝的即位遭到很多人的懷疑。「雍正」是「雍親王得位正、爲君正」的意思，他想強調自己皇位的「合理性」。

康熙臨死前真的說立胤禛爲太子嗎？據說，康熙曾經寫好遺詔說要立皇十四子。皇十四子就是胤禵，是胤禛的親弟弟。民間傳說，康熙本來想要立他爲皇位繼承人，但是胤禛查到遺詔所在的地方後，把「十」字改成了「于」字，然後摒退左右，一個人進入康熙寢宮侍奉左右。沒過多久，康熙去世，胤禛持念珠和遺詔出來，宣布自己即位。

難道說雍正真的是篡改了遺詔才得到的皇位嗎？據說雍正奪位最有力的證據，是他的親生母親嫌他奪取了弟弟的皇位，傷心不已，後來一病不起，最後活活被雍正給氣死了。而幾個知道內情的兄弟也都先後被雍正處死。康熙晚年兩個貼身侍候的重要人物趙昌和太監魏珠，也未必知道雍正帝即位的內幕，但他們兩人還是被被雍正處死了。

歷代都會爲了立儲的事情鬧得不可開交，雍正也不例外。但是雍正很聰明，他開創了秘密立儲的先河。雍正把一份自己親手寫好的詔書命侍衛當眾封好，並放在隱蔽的位置，另一份同樣內容的遺詔自己隨身攜帶，在自己死後才能打開。這兩份遺書必須內容相同，才能確定最後的皇位繼承人，如此避免皇位的爭鬥。

悲情的胤禵本應是繼承大統的人，不想卻因康熙死時他正在西北打仗，而被自己的親哥哥奪去了原本屬於自己的江山，還被奪取了兵權，後來又削去王爵，只保留貝勒的身分。此後，雍正冠冕堂皇地讓胤禵爲康熙看守景陵，實際上是把他軟禁起來。

歷史似乎是殘忍的，幾乎每個君主王位都是在雙手沾滿鮮血後才得來的，雍正皇位的到手也不例外。雍正即位後，並沒有馬上對自己的兩個兄長下手，而是封他們爲親王。但沒過多久，雍正就宣布了他們的罪名，並且把他們交給宗人府審理，還給他們分別起了「阿其那（狗）」和「塞思黑（豬）」的名字。結果，兩人當年就莫名其妙地雙雙死去。

雍正即位後，爲了加強自己的皇權，採取了一系列措施。雍正的皇帝寶座得來的本來就讓人覺得蹊蹺，所以，他爲了避名諱，就下令將眾兄弟們的名字的頭一個字「胤」改爲「允」。爲了坐穩皇帝的寶座，雍正採取了一系列雷厲風行的措施。他認爲七弟允祐、十弟允䄉、十二弟允祹的權力過大，很快就把他們三人的權力削弱了。

雍正在政治改革上還是有兩下子的。雍正爲了徹底削弱八旗旗主的權力，還從意識形態上革除旗主的痕跡。八旗都統，清文爲「固山額真」，「額真」滿語意爲「主」。正是因爲這個意思，讓雍正的心裏很不爽，他認爲只有自己才能被稱爲「主」。於是，下令將固山額真改爲「固山昂邦」。「昂邦」滿語爲「臣」，這樣一改，就突出了自己的優勢。

明知山有虎，偏向虎山行，說的就是允禟。雍正即位後，允禟長時間裝病。後來允禟知道自己裝病也逃不過，乾脆一不做二不休，他被雍正發配到西寧後，以爲天高皇帝遠，又開始肆無忌憚地惹是生非。雍正派人前去懲戒，他還發牢騷說：「皇上責備的都對，誰讓他是皇上呢！」雍正知道後很生氣，就設法把他給弄死了。

Q 目中無人的年羹堯

雍正即位之初對官員要求極爲嚴格，甚至到了苛刻的地步。有個進士，當上了禮部的官員，要到四川考察。他去四川前，他的上級官員給他推薦了一個僕人，主僕二人相處得很好。直到上任三年後，該官員才知身邊的僕人竟然是潛伏的探子，幸好自己沒做什麼壞事！他回京後，還得到了朝廷的獎賞，也算是個補償吧！

即使有再大的功勞，也不能居功自傲，年羹堯就是個很好的例子。年羹堯手握重兵，意氣風發，在青海平叛中一路旗開得勝，讓雍正十分高興。年羹堯為人狂妄自大，目中無人，在受到雍正的特別禮遇後，更是目中無人，居功自傲，不知收斂。後來年羹堯引起了雍正的警惕和憤怒，最終被雍正除掉。

年羹堯的死是有其必然性的。年羹堯恃功驕傲，眼睛都長到眉毛上去了，引起了朝野上下公憤。這且不說，他還任人唯親，在軍中及川陝用人專稱為「年選」，形成了龐大的年羹堯集團。更嚴重的是，他在皇帝面前根本就沒有臣子對主上的禮節，藐視並進而威脅皇權，甚至有自立為帝的念頭。這樣的人，不被雍正帝整死才怪呢！

年羹堯的倒臺，是他自作自受的。年羹堯任西安總督府時，令文武官員逢五、逢十在轅門做班，轅門、鼓廳畫上四爪龍，吹鼓手著蟒袍，與宮廷相似。他還令雍正帝派來的侍衛前引後隨，牽馬墜蹬。按清朝的制度，凡是上諭到達地方，地方大員須迎詔，行三跪九叩全禮，跪請聖安，但雍正帝恩詔兩次到西寧，年羹堯都不行臣子之禮。

上級最不能容忍下屬的，就是越權行為。如果沒有上下屬的界限了，上級就無法樹立威信，以後就無法管理下屬了。而年羹堯偏偏就是敢做一些越權的行為。年羹堯曾向雍正帝進貢其出資刻印的《陸宣公奏議》，雍正帝本來打算親自撰寫序言，但年

羹堯卻以不敢麻煩皇帝爲藉口，代替雍正帝擬就序言，要雍正頒佈天下。如此越權行爲，讓雍正寒心至極！

年羹堯一再犯錯，雍正帝都原諒了，但有一個錯誤是誰也無法原諒他的。有一年，天象出現了所謂「日月合璧，五星連珠」的祥瑞之兆，各地大臣紛紛上疏祝賀，年羹堯也進一摺，將讚美皇帝的「朝乾夕惕」寫爲「夕惕朝乾」，這不僅不是讚揚，簡直是譏諷。這還了得，簡直是反了，雍正帝再也無法原諒他了，也爲雍正處置他提供了口實。

雍正對於身邊的位高權重的人都不肯放過的，隆科多就是一位。隆科多是滿洲鑲黃旗人，也是皇親國戚：他姑姑是康熙的親媽孝康章皇后，妹妹爲康熙的孝懿仁皇后。但是，他也是一個「不檢點」的人，他招權納賄，籠絡黨羽，終於被雍正欽定四十一款大罪，命人在暢春園外建屋三間，永遠禁錮。第二年，隆科多就死在了禁所。

清朝的歷代君王大都有著君王必備的霸氣和自信，雍正更是霸氣十足。據說，有一次，雍正率官員去祭祀，剛到天壇，突然聽見壇頂發出一聲奇怪的聲音，衛士們懷疑有刺客，趕忙前來護駕。雍正卻很是淡定，右手一甩，一隻狐狸的頭就掉了下來。

雍正對手下們說：「我今天特意小試手段，讓牠們知道我的厲害，就算有刺客，又能把我怎麼樣？」

據說當時知道雍正篡位的，還有一個和尚，雍正知道後，就派三人前去刺殺。刺客找到那個和尚後，正準備要殺掉他，僧人卻笑道：「你們三人是雍正派來殺我的嗎？他雖然現在氣數很旺，我不能和他比。但是多行不義必自斃，就算我現在死了，他也有這麼一天，一月之內一定有爲我報仇的人，你們等著瞧。」說完，和尚就自殺了。

朱三太子事件

朱三太子的出現也是個傳奇的事件，據說清朝找出一個名叫朱文元的漢人，朱文元說自己就是明努爾哈赤第十三子、代簡王的後裔。由於政治原因，清朝給這個朱三太子很好的待遇，還時不時地讓他跟隨皇帝祭祀。朱文元這一族，世代成了清朝的政治花瓶。雍正搬出一個朱文正後，仍然沒有杜絕「朱三太子」的出現。

相傳有人說朱三太子沒有死，而是流落到了國外。清朝廣東總督親自帶兵抓捕這個人。此後國內的浙江、廣西，海外的越南、呂宋等地都出現了朱三太子的蹤跡。一

直到乾隆年間，清朝入關超過了一百年，「反清復明」的口號起不了什麼作用了，朱三太子才慢慢銷聲匿跡。

Q 雍正一朝，無官不清

雍正是個很重視教育的君主，他在位期間，推行了一系列有利於教育發展的措施，其中一個沿用至今的措施就是推廣普通話。雍正設立「正音書館」，在全國推行官話，相當於現在的普通話。他下令福建、廣東兩省都要講官話，並規定讀書人要是聽不懂官話，不會說官話，就不能參加科舉考試。

雍正十分勤奮。雍正在位期間，幾乎每天都工作到很晚，一年到頭也不給自己放個假。據說他當上皇帝當天就開始批閱奏摺到深夜，害得他的妃子獨守空房，和他發脾氣。雍正的睡眠時間嚴重不足，而他在奏摺中寫的批語是洋洋灑灑，所以有人說雍正有可能是累死的。

雍正時期，反貪工作做得非常好。有人說「雍正一朝，無官不清」，正是誇張地對雍正帝治理腐敗的肯定。因爲雍正帝反對貪污的工作僅僅開展了五年，國庫儲銀就由康熙六十一年的八百萬兩增至到五千萬兩。

田文鏡是清朝康熙、雍正時期的人物。他當了一生的官，權傾朝野。他雷厲風行、鐵血鐵腕，一生都是手握重權的大官，官至當時的太子太保、兵部尚書、河南總督。歷史上的田文鏡是一個深受雍正皇帝器重的官員，他爲官期間秉公辦事，爲百姓賑災、解難，是個清官。

雍正帝以仁義治國，可當時有一個賤籍制度，這正與仁義不符，況且這項政策也是使社會不安定的因素之一，於是雍正帝決定予以清除。賤籍就是不屬於士、農、工、商的「賤民」，他們世代相傳，不得改變。他們不能讀書應舉，也不能做官。

在專制王朝裏，臣子給君主上奏摺是很稀鬆平常的事情。但是，有一些聖明的君主會收到臣子的秘密奏摺的。秘密奏摺就是摺子不走正常的管道上達天聽，而是徑直報皇帝親拆御覽，皇帝有什麼意見，隨手用朱筆批於摺後，然後再密封發給原奏人，內容只有君臣二人知道。爲此，雍正帝讓這個制度更完善了。

雍正帝在拉攏臣子手法上，簡直是無微不至，無所不至。尤其是在批閱奏摺上，他總是能夠用一些充滿人情味、充滿關切、充滿柔性的語言批覆。作爲臣子，能夠捧讀到皇帝溫暖人心的、充滿深情款款的上諭，哪有不感激涕零、誓死效忠的呢？

雍正是一個善於玩「平衡」的大師。密摺奏事並不是每個臣子都能享有，也要根

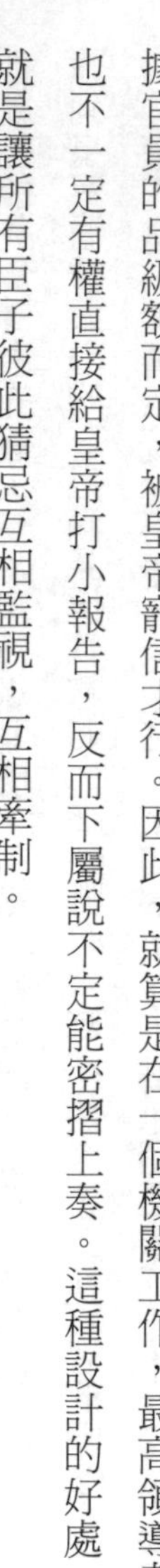

據官員的品級額而定，被皇帝寵信才行。因此，就算是在一個機關工作，最高領導者也不一定有權直接給皇帝打小報告，反而下屬說不定能密摺上奏。這種設計的好處，就是讓所有臣子彼此猜忌互相監視，互相牽制。

雍正最討厭別人對自己指指點點。雍正初年，浙江人汪景祺譏評雍正殺功臣年羹堯，查嗣庭出「維民所止」的試題，雍正帝怒髮衝冠，殺了汪景祺，查嗣庭下獄並死於牢中。後來，他不定期地停止浙江鄉、會兩試，並設觀風整俗使。

雍正帝是個刻薄殘酷的人，表現在他以極其粗俗醜惡的語言醜化他所痛恨之人。錢名世寫了歌頌年羹堯的詩，雍正帝就給錢名世寫了塊「名教罪人」的匾，掛到錢名世的大廳，以世世代代醜化錢名世。他還嫌不夠，令舉人、進士寫詩醜化錢名世。

雍正做事很幹練，雷厲風行、當機立斷。雍正即位後搞了許多改革，如財政制度改革、改土歸流，都是決定後就幹，一幹就大張旗鼓，全力以赴，不拖拖拉拉，一定幹出成績，幹出結果來。

雍正也有節儉、仁慈的一面。節儉體現在雍正吃飯從不剩飯，顆粒必盡，吃得乾乾淨淨。他還常對臣下說，一定要珍惜五穀，以暴殄天物爲戒。仁慈體現在他對張廷玉說，他與人同行，從來不踩他人頭影。

雍正非常迷信祥瑞，喜歡別人向他報告祥瑞。他爲祈雨而造風、雲、雷、雨四神。所謂祥瑞是指好事情的兆頭和徵象，比如玉米一棵四穗，稻禾徑高數尺，皇陵出現五色祥雲等。雍正七年，雲南趙州出醴泉，鄂爾泰奏聞，雍正帝馬上褒獎他「化民成俗，格天致瑞」，加官少保。雍正初年，年羹堯也因爲觸及「祥瑞」問題而滿門抄斬。

由於雍正帝的勤於政務，他的身體早就拉警報了。雍正是個勤勞的皇帝，但是，整日埋在繁重的政務中，天長日久，身體就會出毛病了。雍正四年，雍正就開始承認自己的精力不足。爲此，他開始信奉道教，希望自己能夠長生不老。

雍正喜歡道家的煉丹術，他的一生也與金丹仙藥結下了不解之緣。雍正早在做皇子時，就對丹藥產生了濃厚的興趣，那時他還曾寫過一首題目爲《燒丹》的詩。可見他是非常希望自己能夠不死成仙。

雍正經常吃一種叫做「既濟丹」的丹藥，並且還賞賜給自己的臣子們。他服用後，感覺效果不錯，還作爲特殊禮品賞賜給雲貴廣西總督鄂爾泰、河東總督田文鏡等一些寵臣。並且還勸自己的寵臣們說，對御製的丹藥，就放開膽子吃吧，不用懷疑，我對這種藥最瞭解了。

雍正到底是怎麼死的，一直是清朝的一大懸案。據說雍正死前和平時一樣上早

朝，也沒有什麼生病的跡象。但是下午宮中突然召見一大臣入宮，這個時候，外面已經開始流傳雍正突然死去的消息了。而那個大臣被雍正召見後，三天才出來，更是引起大家的猜疑。

由於死前雍正身體正常，並無任何徵兆，所以有人懷疑雍正可能是吃了某種丹藥，導致他中毒而死。而雍正死後的第二天，剛剛即位的乾隆就下令把煉丹道士給趕出宮去，並且把煉丹的工具全部焚毀。這更加證實了雍正有可能是吃了丹藥中毒而死的說法。

關於雍正的死還有一種說法，即雍正是被人刺殺而死的，這個人就是呂四娘。呂四娘的祖父因爲文字獄受到牽連，死後還被人羞辱，呂四娘就拜師學藝，練就了一身的好功夫，後來偷偷潛進皇宮，將雍正殺死，並割去其頭作爲報復。據說雍正死的時候，放的是一個金頭，用來掩飾首級被盜的尴尬。

第五章

清世宗雍正帝時期

最勤勞的公務員

125

＊微歷史大事記＊

康熙十七年（一六七八年），清世宗愛新覺羅・胤禛出生，母為康熙孝恭仁皇后烏雅氏，清聖祖康熙第四子，是清朝入關後第三位皇帝。

雍正元年（一七二三年）三月，加封年羹堯為三等公。

雍正三年（一七二五年），廷臣議上年羹堯罪九十二款。年羹堯賜死。

雍正五年（一七二七年），定《恰克圖互市界約》，置辦理俄事大臣。與俄簽訂《布連斯奇界約》，劃定中俄中段邊界。設立駐藏大臣制度。

雍正七年（一七二九年），命傅爾丹、岳鍾琪率軍從北、西兩路征討噶爾丹。

雍正八年（一七三〇年），設立軍機處。

雍正十三年（一七三五年）十一月，雍正帝病逝。

第六章

清高宗乾隆帝時期

有才的風流天子

身世之謎

據說，康熙在位的時候，胤禛和一位陳姓官員關係特別要好，兩家在同年同月同日有了孩子，胤禛聽後十分高興，派人把陳家的孩子抱過來，一齊道賀。可是等到陳家人把孩子抱回去的時候傻了眼，這個抱回來的孩子已經被掉包了，居然由男孩變成了女孩。陳家敢怒不敢言，畢竟皇帝手裏還握著自己的小命。陳家的男孩正是後來的乾隆。

乾隆能當上皇帝也不是隨便定的，乾隆從小就非常聰明，而且又很勤奮，在康熙面前給他的老爹雍正賺足了面子。乾隆六歲的時候，就能背誦《三字經》，爺爺康熙稱讚他是神童，十分喜歡。有一次，乾隆陪同爺爺到避暑山莊避暑，康熙一時興起，讓乾隆背誦他讀過的詩書。乾隆倒背如流，而當時乾隆只有十一歲。

乾隆是雍正帝的第四個兒子，其爺爺玄燁在去世前就預言他有能力成爲接班人。

弘曆自小就聰明。他的詩作達四萬多首，雖然大部分不怎樣。他寫詩時，會用朱筆起草，讓內監交予文學造詣的軍機大臣看。詩中若有典故，弘曆便要他們注出。諸大臣往往要回去遍查典籍，有時幾天才能找到出處。

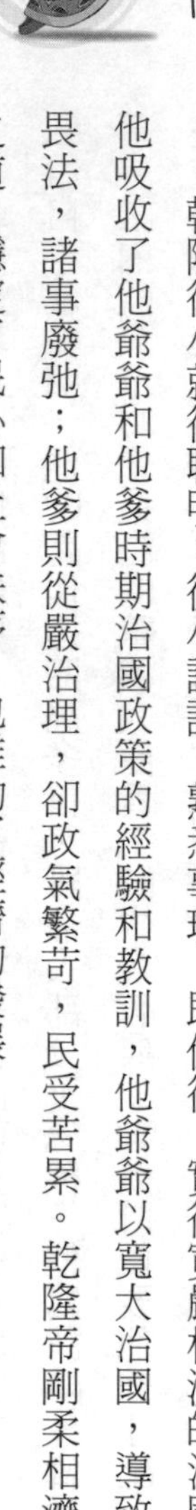

乾隆很小就很聰明，從小讀詩，熟悉事理，即位後，實行寬嚴相濟的治國之道。他吸收了他爺爺和他爹時期治國政策的經驗和教訓，他爺爺以寬大治國，導致官民不畏法，諸事廢弛；他爹則從嚴治理，卻政氣繁苛，民受苦累。乾隆帝剛柔相濟的爲政之道，穩定了民心和社會秩序，也推動了經濟的發展。

雍正駕崩後，遺留給乾隆最爲急迫的事情，就是西南和西北的民族問題。對於西南與西北問題，乾隆採取了一戰一和的對策，都取得了圓滿的成功。年輕的乾隆完成了先帝未竟之業，初次顯現出了他治理龐大清王朝的傑出才能。

乾隆在即位之初實行寬柔政策，重視農業的發展，認爲國家之本在於農業。他減免租稅，提倡開墾荒地，注重農業耕種技術的提高，興修水利設施，關心老百姓疾苦，推行「攤丁入畝」的土地政策等。

雍正在位時最受人非議的，就是骨肉相殘，乾隆即位後就開始處理這個歷史遺案。乾隆即位後，爲了緩和雍正朝造成的政治緊張氣氛，體現出自己的人情味，開始著手處理一些骨肉相殘的遺案。乾隆首先對自己的叔叔伯伯們，該平反的平反、該釋放的釋放、該追謚的追謚，並且還對其後裔做了妥善的安排。

乾隆即位後大赦天下，結果又造成了貪官污吏橫行。由於乾隆帝大赦天下，把雍正年間因貪贓被革職的官吏們一齊復職，對貪污案不予追究，放鬆對官吏的考績，結果一些屢教不改的貪官們又開始貪污起來。乾隆發現後，又開始嚴肅處理侵貪案件，將性質嚴重，核實無誤的貪污犯即行正法。

乾隆帝對貪官的懲辦非常嚴厲。乾隆二年（一七三七年），山西學政喀爾欽在布政使薩哈諒的支持下，賄賣文武生員一案被揭露。乾隆知道後非常震驚，認為這幫傢伙簡直是吃了雄心豹子膽了，明明知道自己痛恨貪官，還敢如此猖狂。於是，就降旨讓喀爾欽立刻腦袋搬家，薩哈諒斬監侯。

乾隆是一個有抱負、有野心的皇帝。乾隆作為一國之主，簡直是享盡了人間的榮華富貴，但是他是個懂得居安思危的人，他並不滿足現狀。他在整頓吏治、鞏固皇權的同時，在發展經濟和「養民」方面，作了很多努力與貢獻。

乾隆在位時，採取了一系列有利於國計民生的措施和計畫。在政治上他整頓吏治，任人唯賢，優待有用之人，安撫雍正朝受打擊時的有才之人；經濟上獎勵墾荒，興修水利，減免賦稅，促進了經濟的繁榮；軍事上操練軍隊，派兵鎮壓少數民族起義，加強對西藏的管轄，促進了清朝對少數民族地區的管理。

乾隆和爺爺康熙、老爹雍正一樣，重視發展農業生產，要求北方人向南方人學習耕種技術。以前貴州遍地桑樹，但不養蠶紡織，於是他派人向當地的養蠶能手學習經驗，傳授技術。他還讓地方官注意植樹造林，鼓勵開荒，擴大種植面積。

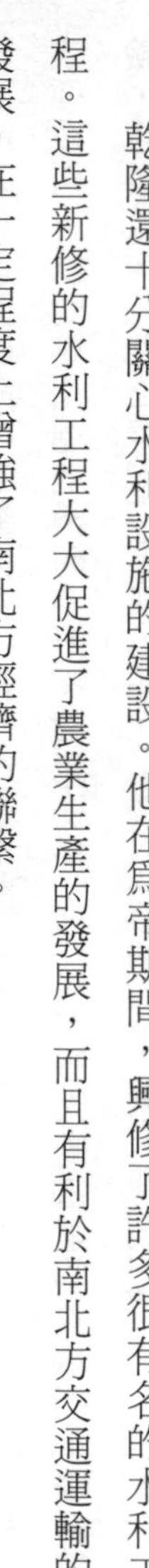

乾隆還十分關心水利設施的建設。他在爲帝期間，興修了許多很有名的水利工程。這些新修的水利工程大大促進了農業生產的發展，而且有利於南北方交通運輸的發展，在一定程度上增強了南北方經濟的聯繫。

乾隆採取了一些有利於商業發展政策。他規定商人到欠豐收的地方銷售糧食，可以免稅，允許百姓販運少量食鹽。由於生產的發展，國家財政收入從乾隆二十八年開始逐年提高。

乾隆還十分關心百姓疾苦，他曾數次下江南，體察民情。他重視社會的穩定，關心受災百姓，執政期間，五次普免天下錢糧，三免八省漕糧，減輕了農民的負擔。據統計，乾隆時期減免正額賦銀兩億兩，加上災年減免的一億多兩，共計三億兩以上。

乾隆十五年，藏王陰謀叛亂被駐藏大臣設計殺死，他的餘黨攻擊殺害駐藏官員。班第達受達賴喇嘛委託代理藏務。班第達抓捕逆黨，平息了叛亂。乾隆命策楞率八千兵入藏，後制訂《西藏善後章程》，確立了達賴喇嘛爲政教合一的代表和駐藏大臣共治西藏的體制。

乾隆十年，準噶爾部首領噶爾丹策零病逝，準噶爾的領袖和牧民紛紛歸附清朝，準噶爾部強臣在內訌中崛起，但最終失敗，只好歸附清朝。準噶爾首領昏庸無能、不得人心，對此清朝採取分散勢力的政策，封阿睦爾撒納等人分別爲四部汗，釋放南疆伊斯蘭教領袖大、小和卓。

乾隆在位時平定大小和卓叛亂，爲國家的統一作出了巨大貢獻。小和卓兵敗後投奔大和卓，同清朝對抗，清軍在南疆的支持下，打敗了起義軍，大、小和卓逃跑了。清軍派人與說服當地部族，巴達克山部族首領殺掉了大、小和卓，把屍首送交清朝。後清朝攻取了新疆地區，天山南北從此完全歸入清朝。

明末，土爾扈特部離開他們家鄉來到俄國。乾隆年間，土爾扈特首領渥巴錫汗率領十六萬子民踏上東歸路程。他們越過千山萬水，經過重重困難到達伊犁。土爾扈特部的東歸是乾隆時期滿蒙同盟的壯麗篇章，是康乾盛世的一大盛事。

乾隆中期，大金川土司再次起義，不斷侵掠其他地區。從乾隆三十一年起，乾隆三次派兵，花費七千萬兩白銀才最終鎮壓下大小金川。此後清朝在這一地區廢除原來的舊制，鞏固和發展了西南地區自雍正以來的成果，加強了邊疆和內地的經濟文化交流，維護了國家的統一。

乾隆的文化素養很高。在他統治期間，各種修訂書籍達一百餘種，完成了順治朝開始編撰的《明史》和康熙下令開始編寫的《大清一統志》，除了這些著作外，還編寫了《清文鑑》、《唐宋詩醇》、《大清一統志》、《授時統考》等重要文獻。

乾隆是一個很能沉住氣的領導者。早在乾隆還是皇子時，鄂爾泰和張廷玉是上書房總師傅，有訓誨之勞。所以，乾隆明知道這兩個人對自己有二心，私底下植黨營私，卻裝作自己不知內情。因爲他知道自己剛剛登基，要穩定大局，還少不得他們的支持，因此情面不能馬上撕破，所以表面還是對二老臣很優待。可他心裏卻說：兩個老傢伙，咱們走著瞧吧！

雍正駕崩的時候，大學士鄂爾泰和張廷玉被命爲輔政一把手。爲了拉攏這兩個人，乾隆剛即位，就下令兩人今後配享皇室待遇。對於清朝官員來說，配享皇室待遇可謂是臣子至高無上的榮譽。但後來乾隆翅膀硬了，屢次羞辱張廷玉。不過，八十四歲的張廷玉死後，乾隆還是讓老張進了太廟。

身爲帝王之尊，他的寶座永遠是最吸引人「犯罪」的罪魁禍首。乾隆即位，允祿與康熙帝第十七子允禮同被雍正遺命授爲輔政大臣。乾隆三年，允禮死了，允祿的地位在宗室王公中更是鶴立雞群，於是就有許多宗室王公來討好他。儘管允祿私下裏常做一些收買人心的勾當，可乾隆總是不以爲然。結果，允祿的羽翼日益豐滿。

一些和允祿一樣「不守本分」的人聚集在允祿周圍，漸漸對乾隆的皇權構成了威脅。乾隆覺察後，先給允祿羅織罪名，然後罷免他的職務，他身邊的小嘍囉們也被革職。允祿自此受到打擊，再也不敢過問政治了。後來，他就把主要精力用在研究數學、樂律上，成了古樂專家。其他宗室王公也多以書畫詩賦自娛自樂了。

世界上最富的富豪

世界上最富的富豪在中國！據說，乾隆死後，大貪官和珅被抄家後，查出家產折合白銀八億多兩，這才是真的富可敵國。

曹賜寶在乾隆時期擔任司法局的文員，花了很大功夫才收集到和珅逾越規制的房屋日用細節，之後，他將收集到的細節寫成奏章打算揭發和珅。只是這位可憐的文員不分敵友，在商議的時候竟找上了吳省欽這個和和珅有著師徒之誼的敵人。吳省欽自然立馬把信傳給和珅。結果乾隆帝派人調查時竟是查無實據。曹錫寶反被乾隆帝狠罵了一頓。

曹錫寶十分痛恨和珅，於是就以彈劾和珅親信劉全的方法，希望乾隆能夠明斷。誰知，乾隆卻一力維護。和珅得到風聲後，趕緊銷贓匿跡，所以到劉全家搜查的時候，什麼也沒有搜到。結果，曹錫寶被乾隆以誣陷的罪名，革職留任。自此，曹錫寶一直沒有翻過身來，鬱鬱而終。

據說，和珅十分會巴結人、討好人，尤其是在乾隆帝面前。和珅在乾隆身邊，體貼侍奉，照顧周到。和珅爲了討好皇帝，別看他貴爲大學士、軍機大臣，但每當皇帝咳嗽吐痰的時候，他就馬上端個痰盂去接。正是因爲和珅對乾隆細心的侍奉，有人就戲稱他「和公公」。因此，乾隆對他的寵信是有增無減，和珅的官職也扶搖直上。

和珅富可敵國，皇家有的他基本上都有，皇家沒有的，說不定他那裏就有。相傳，和珅遇到大臣孫士毅出使越南回來，就上前搭話，問人家手裏拿的是什麼。孫說是一枚鼻煙壺。和珅見此物非同一般，非常精美，就隨口索要。孫不給他，說要進獻給皇帝。過了幾天，和珅拿出來一個和孫前天進奉的一模一樣的鼻煙壺來顯擺。孫以爲是皇帝賞賜，一打聽，竟然不是。

歷史上真實的和珅，不僅長相極爲俊美，武藝更是高超，是當時少有的文武全才。和珅會藏語、英語。乾隆年間，班禪與滿清建交，主要的同步翻譯者便是他。馬戛爾尼訪華，亦是他用英語對答如流。巔峰時期的和珅身爲《四庫全書》總裁官，紀曉嵐只是他手底下眾多編纂官中的一個。

和珅原名善保，鈕祜祿氏，滿洲正紅旗人，生於乾隆十五年，比乾隆帝小近十四歲。和珅是乾隆帝從一個三等輕車都尉一手提拔起來的，確有不少長處，如帥氣、語言功底深厚等。和珅被重用初期，做過幾件好事，比如查辦雲貴總督李侍堯受賄案，所以在乾隆心中留下了清正廉潔的印象。

乾隆三十七年十一月，二十三歲的和坤被任命爲三等侍衛，相當於正五品，在皇帝出巡的時候，隨時待命。這個差事給和珅經常接近乾隆提供了機會，可以說是和珅人生的一個重要轉捩點。總之，高富帥的和珅，可能因爲某一偶然的原因引起了乾隆的注意和重視，從此「不鳴則已，一鳴驚人」。

和珅的升遷速度是很驚人的。乾隆年間，二十六歲的和珅被提升爲乾清門侍衛，十一月再升爲御前侍衛，並授正藍旗副都統，乾隆四十一年正月，授戶部左侍郎，三月授軍機大臣，四月，授總管內務府大臣。短短的半年，和珅從一名普通的侍衛，成爲乾隆皇帝的親信寵臣，從此以後，更是飛黃騰達。

和珅很有學問，記憶力好、聰明決斷、能辦事。乾隆皇帝在《平定廓爾喀十五功臣圖贊》中，特別提到和珅在語言方面有很深的造詣。和珅有一個很好用的討好方法就是投其所好。乾隆一生喜愛做詩、書法，和珅爲了迎合乾隆，在這些方面下了不少功夫，並有很高的造詣。

和珅還經常與乾隆一起寫詩。乾隆的書法獨具風格，但是和珅能模仿得極爲相像。乾隆後期的有些詩匾都由和珅代筆。乾隆在晚年時仗著國家繁榮昌盛，開始追求生活的奢華，專門爲自己建造了暢音閣、倦勤齋等娛樂場所。

和珅是一個「集資」高手。乾隆八十歲，要舉行萬壽大典很是需要錢。但是，國家卻沒有錢，在這種情況下，乾隆非常需要像和珅這樣的弄錢高手。於是和珅在不大動用國庫的情況下，想方設法滿足了乾隆的需要。如乾隆五十五年，皇帝八十大壽，和珅總管這件事，他命令外省三品以上大員都要進獻，不交不行。

和珅的財產相當的多，從一件小事中就可以看出來。一天，幾個阿哥在宮裏玩耍，一不小心把一個乾隆最喜歡的一個盤子給弄壞了，他們幾個就商量著去和和珅要一個，沒想到，和珅居然拿出一個比原來大很多的盤子，而且顏色極爲好看。

和珅是一個非常喜歡珠寶的人，甚至認爲珠寶可以吃。和珅非常喜歡吳縣名叫石遠梅的珍珠。和珅每天早上起來後，都要服用一顆珍珠，服後他覺得自己心竅通明，一日之內的事務都了然於胸，不會忘記。

和珅還創立了一種議罪銀制度，就是讓在生活和工作上犯錯誤的官員用交納罰款來代替處分，少則數千兩銀子，多則數萬兩、數十萬兩。這種議罪銀直接交到皇帝的私人腰包。爲此，和珅還專門成立了辦理此事的登記處，建立專檔，詳細記錄當時收繳罰銀的情況。

和珅是貪官的代名詞。他的貪污受賄是朝廷公開的秘密，所有的大臣心裏都清楚。但他是乾隆皇帝的寵臣，誰也對他都沒辦法，包括執政的嘉慶皇帝本人。嘉慶三年，乾隆駕崩，和珅遂成爲籠中獵物，三尺白綾了結了他的一生，他的財產成爲皇帝和皇室成員的私人財產。

乾隆五十五年，內閣學士尹壯圖說各省高層私挪庫存銀兩，導致庫存不足。乾隆大怒，派尹壯圖到地方查辦，和珅故意派戶部侍郎郎慶成同往。郎慶成名義上是協同訪查，實際上處處搗亂。他每到一地，便拖住尹壯圖，讓那些官員趕緊借錢填補虧空，結果尹壯圖毫無所獲，反而因爲誣賴大臣丟了官。

敢於與和珅作對的人下場都不好，但有一個是特例。乾隆四十七年，御史錢灃狀告和珅黨羽山東巡撫國泰和布政使于易簡。乾隆帝命和珅、劉墉、穆諾清一起查辦此案，劉墉探聽到和珅將派人去山東，便讓錢灃提前化裝南下。錢灃暗中記下此人長相，快到濟南時，見此人騎馬回去，馬上把他拘捕，從他身上搜出國泰給和珅的回信。

和珅忘記乾隆快要不行了，該爲自己準備下一步怎麼走，但他沒有。在乾隆帝確認顒琰爲接班人時，嘉慶帝的老師朱珪由兩廣總督升任大學士，皇帝寫詩祝賀，沒想到和珅向太上皇告一狀，說嘉慶帝在向下屬報恩，結果朱珪降爲安徽巡撫，嘉慶帝也因此得罪了父親。嘉慶帝隱忍不發，表面上更重視和珅，實際上，和珅的末日要到了。

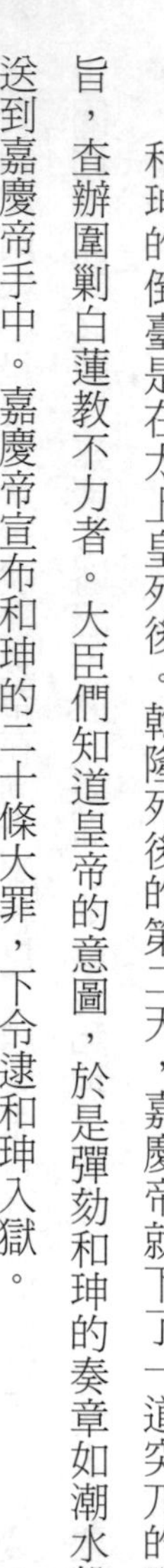

和珅的倒臺是在太上皇死後。乾隆死後的第二天，嘉慶帝就下了一道突兀的聖旨，查辦圍剿白蓮教不力者。大臣們知道皇帝的意圖，於是彈劾和珅的奏章如潮水般送到嘉慶帝手中。嘉慶帝宣布和珅的二十條大罪，下令逮和珅入獄。

民間諺語說：「和珅跌倒，嘉慶吃飽。」事實的確如此。和珅本來要被凌遲處死的，但和珅的兒子娶的是嘉慶的妹妹，在皇妹的苦苦請求之下，嘉慶帝綜合了諸多大臣的建議，將和珅賜死，並宣布對能棄惡從善和珅餘黨一律免於追究，成功避免了政壇風波。

Q 文壇泰斗紀曉嵐

紀曉嵐能做到位高權重，和他自己的努力密不可分，他主持編訂了《四庫全書》，此書修成當年，乾隆帝格外開恩，又一次給他升官，還讓他可以在紫禁城騎馬。這在當時可是極大的榮幸。後來紀曉嵐八十大壽時，皇帝派人祝賀，並賞賜眾多物品。不久，拜他爲協辦大學士，加太子少保銜，兼國子監事。紀曉嵐六十歲以後，五次出掌都察院，三次出任禮部一把手。

紀曉嵐一生的才華和學術成就十分突出。他曾給自己寫過一首詞，其中兩句「浮沉宦海如鷗鳥，生死書叢不老泉」，這是他一生的真實寫照。紀曉嵐不僅在清朝被公認為文壇泰斗，學界領袖，一代文學宗師，就是在中國和世界文化史上也是一位少見的文化巨人。

紀曉嵐在少年時期就聰穎過人。一次，他和小夥伴們在街上玩球，恰好官員乘轎經過。一不小心，球被擲進轎內。孩子們不知怎麼辦。紀曉嵐壯起膽子上前要球。府官戲弄地出了個上聯：「童子六七人，惟汝狡。」讓紀曉嵐對下聯，紀曉嵐一尋思，對道：「太守二千石，獨公……」但對到這裡，他只是用眼上下打量著太守，最後一字卻遲遲不說，你要還我球，就是獨公廉，不然就是獨公貪。

紀曉嵐和和珅一直是明爭暗鬥。一次，和珅新修了一個竹園，知道紀曉嵐墨蹟珍貴，便要他題個亭額，紀曉嵐想了一下，在紙上寫了「竹苞」兩個大字。和珅讓工匠刻成匾額，懸掛在亭臺上。一天，乾隆來遊園，見到亭臺上「竹苞」的匾額，忍不住大笑起來。和珅在旁陪著笑，誰料皇帝說道：「這二字拆開來不就是個草包嘛！」

抽煙是紀曉嵐平生三大嗜好之一。他吸煙成癖，煙癮奇大，所用的旱煙袋是訂做的，容量很大。有人說他一次能裝三四兩煙絲，可能是誇張，但他的煙癮在北京城中是獨一無二的，在全國也屬罕見，因此有了「紀大煙袋」的綽號。

紀曉嵐在當朝人氣指數很高，在家養傷期間，同事們多去探望。大家看他手握大

煙袋依然我行我素，便勸他戒掉煙癮。「諸君只見我身受其累，卻不知道我深得其利啊！每天吸上兩口，我就會文思泉湧啊，揮灑自如。少了它頓會覺得文思枯竭，寂寞難耐啊。」對此，紀曉嵐頗有一番鴻篇大論。

紀曉嵐一生，有兩件事情做得最多，一是主持科考，二是帶頭出書。紀曉嵐曾兩次爲鄉試考官，六次爲文武會試考官，故門下士甚眾，在士林影響頗大。其主持編修，次數更多，先後做過武英殿纂修官、三通館纂修官、功臣館總纂官、國史館總纂官、方略館總校官、四庫全書館總纂官、勝國功臣殉節錄總纂官等。

乾隆與紀曉嵐之間發生過很多趣事。某天乾隆走到翰林院，紀曉嵐和數人光著膀子在談天論地，大家見皇上過來慌忙穿衣，紀曉嵐因爲眼睛近視，找不到衣服，慌忙中鑽到了桌子下面。乾隆見了，便一屁股坐在椅子上面。乾隆在椅子上面坐了四個小時不說話也不走。因爲天氣熱，紀曉嵐無法忍耐，便伸頭問：「老頭子走了沒有啊？」乾隆與諸人大笑。

乾隆軼事

一次皇上在寺廟裏，方丈和乾隆到江邊散步，乾隆見江上船來船往，便問方丈：

「你可知江上船有幾艘？」方丈不慌不忙答道：「兩艘而已。」乾隆笑道：「這江上船來船往怎麼可能只有兩艘？」方丈答道：「我只看見一艘爲名，一艘爲利，名利之外，並無它舟。」乾隆說他說得好。

乾隆喜歡賣弄自己的學問。一次，乾隆和一位方丈散步，見有人在賣東西，乾隆就問這個東西做什麼用，方丈說裝東西的，乾隆也想了想，便說：「東西可裝，南北就不能裝嗎？」方丈道：「東方甲乙木，西方庚辛金，木類金類之物，籃中是可以裝的。南方丙丁屬火，北方壬癸屬水，竹籃不能裝水火，是以把物件稱爲東西而非南北。」乾隆又一次敗下陣來。

乾隆走到哪兒都喜歡題詞，有時還鬧成笑話。一次，詞臣們擬了「江天一覽」四字，乾隆誤以爲是「江天一覺」，拿起筆一蹴而就，群臣見後不知所措。這時，方丈出來打圓場，說：「紅塵中人苦於罔覺，果能覽此江天，心頭一覺，即佛氏所謂『悟』一之旨也。」隨後便讓工匠鐫刻掛上。

乾隆喜歡賣弄自己的文學功底。據說，有一次，乾隆與眾臣子吟詩。乾隆先吟首句：「長江好似硯池波。」大臣劉石庵續道：「舉起焦山當墨磨。」和珅見山的東北角有個危塔孤懸山頂，便續道：「寶塔七層堪作筆。」乾隆指定皇子嘉慶來完成最後一句，嘉慶一時答不上來，紀曉嵐便偷偷地告訴嘉慶一句：「青天能寫幾行多。」

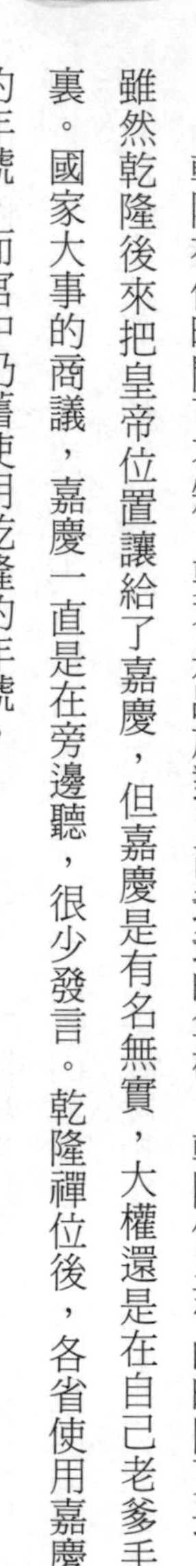

乾隆在位時間可不短！要不是出於對自己爺爺的尊敬，乾隆做皇帝的時間更長。雖然乾隆後來把皇帝位置讓給了嘉慶，但嘉慶是有名無實，大權還是在自己老爹手裏。國家大事的商議，嘉慶一直是在旁邊聽，很少發言。乾隆禪位後，各省使用嘉慶的年號，而宮中仍舊使用乾隆的年號。

乾隆與和珅相識，是因爲《論語》。有一次，乾隆外出。一路上，乾隆都在轎子裏背《論語》。背著背著他就卡住了，和珅在轎子旁邊，聽乾隆背不下去了，就接著往下背。乾隆見這個小侍衛才二十幾歲，但挺聰明的，就對和珅特別注意。

乾隆可以說是個孝子，對他的母親非常孝順。他曾侍奉母親三上泰山，四下江南，多次到避暑山莊。他還用三千多兩黃金做了一個金塔，叫金髮塔，專門用來存放供奉母親梳頭時掉下來的頭髮。

乾隆是個喜歡熱鬧的人，悶了會想法子來解悶。每到新年的時候，乾隆便命太監宮女們在圓明園東面的同樂園中設買賣街，凡是街上有的，買賣街上一應俱全，譬如賣衣服、古玩的，酒肆茶館，提著小筐賣瓜子的，要啥有啥。這樣乾隆就可以熱鬧好幾天了。

福康安的老爹爲大學士傅恆，他的親姑姑是乾隆的老婆孝賢皇后，按照輩分，他應該稱乾隆爲姑父。據說福康安小時候長得很好看，粉面朱唇，模樣與他的兩個未曾謀面的表哥——皇二子永璉和皇七子永琮有幾分相似，而這兩個備受乾隆喜愛的嫡子，又因病早夭，於是乾隆把年幼的福康安接到宮裏，當自己的兒子看待。

乾隆帝與皇后富察氏伉儷情深。皇后富察氏去世後，永璜以大哥的身分迎接靈柩，因爲永璜與皇三子永璋表現得不夠悲痛欲絕，遭到乾隆帝的痛罵，並最終斷送了二人的政治前途。兩年後，二十三歲的皇長子永璜在驚懼與抑鬱的雙重折磨下離開了人世，乾隆帝深感後悔，卻爲時已晚。

乾隆的孝賢純皇后富察氏是一個賢德的一國之母，乾隆帝之元配皇后。她是康熙前期著名大臣米思翰的孫女、察哈爾總管李榮保的女兒。乾隆與富察皇后結褵二十二年，恩愛甚篤。皇后賢淑節儉，以通草織絨作首飾，不佩戴金玉珠翠，並用鹿皮和絨氈給皇帝做荷包、佩囊，以示不忘關外先世之遺風，乾隆對她十分愛重。

雍正八年六月，富察氏誕下了弘曆的次子，雍正帝親自給這位心愛的小孫子起名爲「永璉」。乾隆帝即位的第一年，便把永璉秘密立爲太子，但年方九歲的永璉感冒發燒，病情急劇惡化，竟於當月的十二日死在宮中。乾隆帝追封永璉爲皇太子，永璉也成爲了清朝唯一一位死後被追封爲皇太子的皇子。

傳說，乾隆還有個妃子叫香妃，身體會散發出奇異的香味，能引來蝴蝶隨之翩翩起舞。香妃是新疆回部的公主，部落首領爲了討好乾隆，避免戰爭，把她獻給了乾

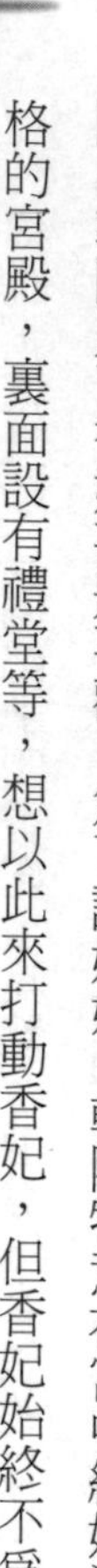

隆。乾隆見了香妃甚是喜歡。爲了討好她，乾隆特意在宮中給她造了一個具有西域風格的宮殿，裏面設有禮堂等，想以此來打動香妃，但香妃始終不爲所動。

據說香妃來到皇宮後一直守身如玉，不願意伺候乾隆。後來這件事被皇太后知道了。皇太后趁著皇上和王公大臣們到天壇去祭天時，命人將香妃帶到慈寧宮，問香妃爲什麼不伺候皇上，還想不想伺候皇上。香妃表示自己寧死不屈。皇太后聽了十分生氣，就派人賜她一條白綾讓她自殺了。乾隆得到消息後，急忙飛馬趕到慈寧宮，但是香妃已死。

Q 劉羅鍋——劉墉

劉墉，祖籍江蘇省徐州，後逃荒至山東高密。劉墉出身於山東諸城劉氏家族，是當時的名門望族，通過科考走上仕途的人很多。劉墉的爺爺劉必顯爲順治年間進士，老爹劉統勳更是一代名臣，爲官清廉果敢。

劉墉能夠在獲罪之後東山再起，說來還是沾了老爹的光。此時劉統勳正得皇上照顧，先後以大學士之職兼管兵部和刑部，被乾隆皇帝認爲是左右之臣。因此，在乾隆三十三年劉統勳七十壽辰之時，乾隆皇帝寫豎匾祝賀。第二年，劉墉獲授江寧府知府。

劉墉是一個清官。劉墉任都察院左都御史時，山東連續三年受災，他便按照實情向皇上說明，打開糧倉賑濟百姓，拘捕結黨營私的山東巡撫國泰回京。此時和珅亦有意袒護國泰。劉墉遂以真憑實據據理力爭，終使國泰伏法。在處理國泰一案上，劉墉不畏權要，剛正無私，足智多謀，爲民除了害，不愧爲一個清官。

都說伴君如伴虎，而劉墉陪伴乾隆的時候，每次都能化險爲夷。有一回，劉墉陪乾隆上樓梯，乾隆問：「上樓梯怎麼講？」劉墉從容回答：「萬歲爺步步登高。」「那麼，我要下樓梯呢？」劉墉心裏想，如果說步步向下，肯定會惹毛皇上。他靈機一動說：「後步總比前步高。」這一句話就把乾隆逗樂了。

紅樓夢醒——曹雪芹

曹雪芹的家族與皇家是有淵源的。曹雪芹的曾祖曹璽任江寧織造，曾祖母孫氏做過康熙帝玄燁的奶媽，爺爺曹寅做過康熙皇帝的伴童和御前侍衛，後任江寧織造，兼任兩淮巡鹽監察御使，極受玄燁寵信。玄燁六下江南，其中四次由曹寅負責接駕，並住在曹家。所以，曹雪芹自幼就是在奢華生活中長大的。

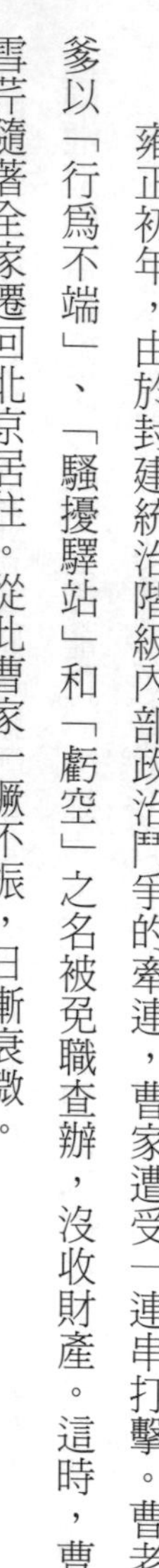

雍正初年，由於封建統治階級內部政治鬥爭的牽連，曹家遭受一連串打擊。曹老爹以「行爲不端」、「騷擾驛站」和「虧空」之名被免職查辦，沒收財產。這時，曹雪芹隨著全家遷回北京居住。從此曹家一蹶不振，日漸衰微。

曹雪芹的晚年，移居北京西郊，生活窮匱不堪，甚至連飯都吃不起。曹雪芹家族沒落之後，家裏窮得揭不開鍋，連老鼠進去都要餓得哭著出來。但他仍以堅韌不拔的毅力，專心致志地從事《紅樓夢》的寫作和修訂。一七六二年，幼子之死讓他陷於極度的傷心和崩潰中，臥床不起。這一年的除夕，曹雪芹終於因貧病無醫而逝世。

曹雪芹又是一位畫家，喜繪畫石頭。敦敏《題芹圃畫石》說：「傲骨如君世已奇，嶙峋更見此支離。醉餘奮掃如椽筆，寫出胸中塊壘時。」可見他畫石頭時寄託了胸中鬱積著的不平之氣。曹雪芹的最大貢獻在於小說的創作，但他的人生際遇確實不怎麼好。

《紅樓夢》是曹雪芹「披閱十載，增刪五次」，「字字看來皆是血，十年辛苦不尋常」的產物。可惜，在他生前，全書沒有完稿。今傳《紅樓夢》一百二十回本，其中前八十回的絕大部分出於他的手筆，後四十回則爲他人所續，據說他沒寫完的原因跟文字獄有很大的關係。

曹雪芹是在極其窮困的情況下著書《紅樓夢》的。曹雪芹晚年被遣送到香山，在黃葉村繼續著書《紅樓夢》，生活已非常艱難。每季度發一擔米，要養活全家，沒有其他的經濟來源，生活的艱難可想而知！何況他本人性格傲岸，憤世嫉俗，豪放不羈！

曹雪芹小時候就喜歡做風箏、放風箏。曹雪芹小時候生活在南方，後來又到了北方，對南方和北方的各種風箏都了熟於心。曹雪芹從北京城裏移居西郊香山時，以賣畫生活，十分窘迫，但還不時紮糊一些風箏，其中以宓妃和雙童尤爲精美，許多人都來買他的風箏。

曹雪芹不僅精通製作風箏，而且還是放風箏的高手。曹雪芹的好友敦敏曾作有《瓶湖懋齋記盛》一文，文中寫有敦敏、董邦達等觀看曹雪芹親自在宣武門裏結了冰的太平湖上放風箏的情景。曹雪芹不僅看得出風向，還能預測其日下午有風，而他起放風箏技巧之高，使在場的人都大爲驚異。

乾隆下江南

關於乾隆下江南的目的大家眾說紛紜，流行比較廣泛的有下面幾種說法。一種說法是乾隆是爲了探訪民情。其二是爲了加強清朝政權與江南地主士紳的聯繫。乾隆

利用下江南加強了與江南地主士紳的聯繫，以鞏固統治。其三是爲尋找自己的親生媽媽。

雖然皇帝們是爲了國家才多次南巡，可是到了乾隆時期，下江南遊樂的目的大大增加。康熙帝六次南巡輕車簡從，每處花費，不過一二萬金。而乾隆帝則是前呼後擁，皇親國戚文武官員相隨。沿途爲了迎接皇帝官員們需要修建許多行宮，爲搬運所需物品需要上千匹牲口。真是勞民傷財。

乾隆南巡的重要活動之一就是閱兵。滿族人歷來崇尚勇武，重視騎射，並且歷代帝王業都熟練掌握騎馬射箭。乾隆多次南巡，都在杭州、南京等地舉行盛大的閱兵式。爲此，還鬧了不少笑話。乾隆最後一次南巡閱兵是在杭州，嘉慶皇帝後來回憶那次閱兵時的情形說，射箭箭虛發，騎馬人墜地。一時傳爲笑談了。

乾隆的南巡集團十分拉風，每次都在萬人以上，所到之處花費極大，地方供給極盡華麗壯觀，所以南巡一次就是對老百姓搜刮一次。此外，乾隆還花大價錢在北京西郊營造繁華蓋世的皇家園林「圓明園」，把中外九萬里的奇珍，上下五千年的寶物，一齊陳列園中，作爲家常的供玩，奢侈至極！

乾隆是一個表面上說嚴禁鋪張，心裏還是愛講排場的主兒。儘管乾隆多次下令說要簡樸，不要鋪張浪費，但是地方官員爲博得他的歡心，都會絞盡腦汁地投其所好。

「六度南巡止，他年夢寐遊。」這是乾隆第六次南巡寫下的詩句，可見他連做夢都在回味下江南時的情景，充滿了無限眷戀。

乾隆爲了南巡，以至於國庫空虛。乾隆六次南巡，排場一次比一次大，耗費自然也是一次比一次多。後來，造成了國庫的枯竭，給百姓帶來了深重的災難。朝廷中有些有頭腦的官員，多次勸阻乾隆停止南巡，乾隆哪裡肯聽，倒是勸阻的官員不是被懲處就是被罷官。之後，大臣們都閉上了嘴巴，誰也不敢說話了。只能眼睜睜地看著國庫枯竭，國家衰敗。

乾隆一直到晚年，才意識到自己南巡的錯誤舉措。乾隆在晚年時說，我當皇帝當了六十年，自認爲自己沒有犯過什麼大錯。只有這六次南巡，勞民傷財，把好事辦成了壞事。真是傷不起呀！的確，乾隆之後，清朝的皇帝們再也沒有人敢仿效乾隆南巡了，因爲國家實在是扛不住巨額的南巡開支了！

十全老人

乾隆皇帝享年八十九歲，爲歷代帝王高壽之冠。乾隆皇帝爲此非常得意，相繼刻有「古稀天子之寶」，「八徵耄年之寶」等印章，以志自己壽命之長。據乾隆醫案的

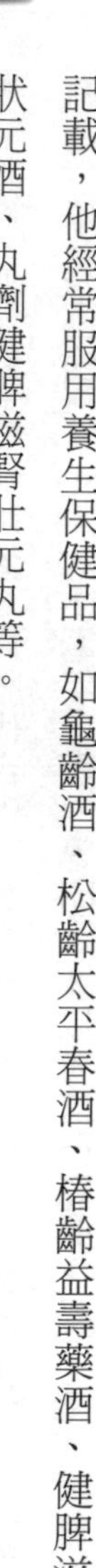

記載，他經常服用養生保健品，如龜齡酒、松齡太平春酒、椿齡益壽藥酒、健脾滋腎狀元酒、丸劑健脾滋腎壯元丸等。

乾隆是一個美食家。乾隆在位期間，清王朝經過了近百年的統治，糧食富足，享樂之風也日盛一日。宮廷飲食在飲食結構、烹飪技術上得到改善。乾隆帝對飲食結構進行調整，並整理成條文、制度，如《欽定宮中現行則例》、《國朝宮室》等等。

乾隆帝可以說是世界上產量最多的詩人。雖然乾隆詩作的品質讓人不敢恭維，但他的確是作詩最多的詩人。他一生作詩四萬多首，而《全唐詩》作者兩千多位，一共才四萬八千餘首。他壽命是八十九歲，折合成天是三萬多天，除去童年，能用來寫詩的不到三萬天，平均每天寫詩超過一首。讓人遺憾的是，他的詩作流傳後世甚少。

誰也不敢說自己是個十全十美的人，然而乾隆卻老王賣瓜——自賣自誇，自號「十全」。這一年，乾隆八十歲。一日，閒來無事，翻看《周禮》。忽然看到書上有「十全」二字，不由得心生感慨。他想想自己已經風燭殘年了，來日也不多了，就給自己考評了一下。還寫了一篇宏文，從自己登基以來寫起，一生共有「十全武功」，又給自己取個外號叫「十全老人」。

乾隆帝在很多方面還仿效康熙。康熙帝舉行博學鴻詞科考試，乾隆也舉行博學鴻詞學考試；康熙帝南巡六次，乾隆帝也是南巡六次；康熙帝搞文字獄，乾隆也搞文字獄；康熙帝與民同樂，舉辦千叟宴，乾隆帝也舉辦千叟宴。

從乾隆初年至中期左右，是乾隆帝政治生命最輝煌的時期，政績突出、社會穩定、人民安定。乾隆後期倚重于敏中、和珅，尤其寵信貪官和珅，加之皇帝本人年事已高，致使吏治敗壞，弊政叢出，貪污盛行，使乾隆帝輝煌的一生罩上了陰影。

乾隆帝確爲一代雄主，也是一個很會享福的帝王。他晚年曾深深陶醉於同歷代帝王的比較，認爲自己的功績、自己對大清的所作所爲沒有人能相比，甚至連在位時間、年壽、子孫數目等方面，自己都是數一數二。

乾隆是個非常愛權的皇帝，就是退位了，也不願權力盡失。乾隆六十年九月初三日，在圓明園勤政殿，弘曆當眾開啓了密封二十二年的黑匣子，宣布自己的接班人：以明年爲嘉慶元年，正月初一舉行傳位大典，自己退位，由皇帝處理尋常事件，如果有重要軍國大事以及官員任免，由太上皇親自指導處理。如此說來，實權還是掌握在弘曆手上。

乾隆後期好大喜功，對國家治理力不從心。其在位後期重用大貪官和珅二十餘年，導致這二十年間貪污成風，政治腐敗，各地農民反叛頻繁：乾隆年間爆發了多次民間起義；乾隆剛一退位，就爆發了持續九年的白蓮教起義。清帝國迅速走向衰落，康乾盛世不再。

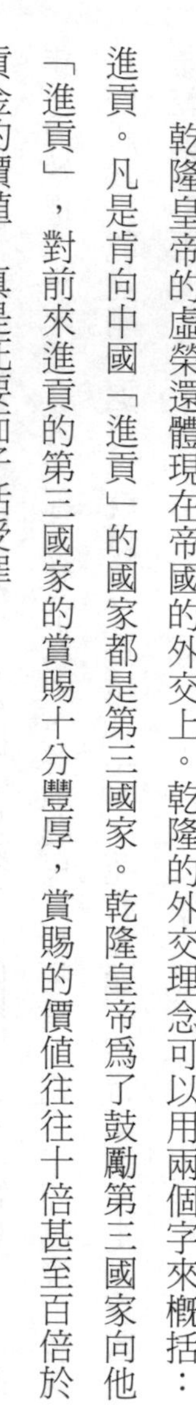

乾隆皇帝的虛榮還體現在帝國的外交上。乾隆的外交理念可以用兩個字來概括：進貢。凡是肯向中國「進貢」的國家都是第三國家。乾隆皇帝爲了鼓勵第三國家向他「進貢」，對前來進貢的第三國家的賞賜十分豐厚，賞賜的價值往往十倍甚至百倍於貢金的價值，真是死要面子活受罪！

乾隆時期的清王朝，已經開始走向腐朽落後，但不可否認，乾隆在維護中國領土完整方面的作用和他在文治方面的貢獻是非凡的。無論從哪個角度來說，乾隆皇帝都是一個天生強勢的帝王，先輩給他留下的，不僅有遼闊的疆域和治世的積累，還有皇帝以天下爲私產的思想。

乾隆五十五年，吞併尼泊爾的廓爾喀族侵略軍入侵西藏日喀則，佔領札什倫布寺，燒殺搶掠。西藏向清王朝報急。乾隆聞訊後，即派大軍入藏，收復西藏失地。爲加強對西藏的管理，乾隆對西藏的政治、經濟、軍事等方面進行了重大改革，爲維護版圖統一立下不小的功勳。

乾隆製造的「文字獄」全是將莫名其妙的罪名加在讀書人身上。如徐某的「清風不識字，何故亂翻書」純乎是描述生活閒情的隨性之作，硬讓乾隆曲解爲諷刺清政府沒有文化還故作斯文。乾隆大興文字獄，焚毀了中國歷史上許多重要的文化典籍，使其「文治」黯然失色。

乾隆打壓江南文人，是有一定政治目的的。乾隆希望通過整合江南的文化，收編江南的文人，在文化上徹底把江南納入朝廷的統治之中，以此來威懾江南的漢族文人，使他們服服貼貼地歸順朝廷。

乾隆搞思想鉗制太厲害了，以至於冤枉很多飽學的知識份子。乾隆帝把文字獄當成了家常便飯，製造一百三十多樁，其中有很多都是捕風捉影的事情。乾隆帝還屢下禁書令，銷毀了大量有價值的圖書。

乾隆盲目的閉關鎖國，錯過了瞭解西方世界的最佳機會。乾隆時期，的確是清朝入關後的頂峰。但也是清朝被世界甩下的時期。此時，歐洲國家已經建造出新式戰艦，在各個方面迅猛變革、發展之時，也正是在乾隆皇帝自我陶醉之際，從此埋下了「落後就要挨打」的隱患。

Q 世界上運氣最好的君王之一

乾隆是世界上運氣最好的君王之一。乾隆的一生，身體非常健康，從沒有遇到大災大病。他在二十五歲的盛年即位，獲得最高權力的過程非常順利，也沒有遇到過衰

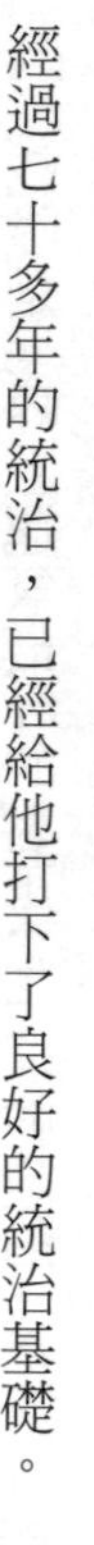

事。他還是在一個恰到好處的歷史節點登上帝位的。因爲在此之前，他的爺爺和老爹經過七十多年的統治，已經給他打下了良好的統治基礎。

乾隆是世界上統治成績最輝煌的君王之一。乾隆年間，政治安定，滿人旗人的特權地位較爲穩固，經濟繁榮，人口大幅度增長。此時的清朝「通譯四方，舉踵來王」。甚至以前從來和清朝沒有交往的國家也紛紛遣使來朝。

自古以來，帝王之尊沒有幾人是得以好死的，而乾隆卻是一個例外。乾隆太上皇有一個聽話的兒子；還有一個能幹的和珅替他處理國家大事。據說他這個時候最關心的是他的重孫子能早日當爺爺，這樣他就六代同堂了，可惜最後沒有如願。乾隆於嘉慶四年正月初三日辰時在養心殿病逝，終年八十九歲。

＊微歷史大事記＊

康熙五十年（一七一一年），清高宗愛新覺羅．弘曆出生，清朝第六位皇帝，定都北京後第四位皇帝。

雍正元年（一七二三年），弘曆被密立為太子，雍正十一年封為和碩寶親王。

雍正十三年（一七三五年），雍正帝去世，弘曆即位。

乾隆十七年（一七五二年），設盛京總管內務府大臣，以盛京將軍兼管。

乾隆二十四年（一七五九年），清軍繼續掃除大小和卓叛變，大小和卓被殺，天山南北路平定，平回之役結束。

乾隆二十七年（一七六二年），設立伊犁將軍，統轄天山南北路。

乾隆三十八年（一七七三年）閏三月，命劉統勳等為《四庫全書》總裁。

乾隆四十七年（一七八二年）正月，第一部《四庫全書》繕寫完成。建盛京文溯閣。

乾隆六十年（一七九五年）九月，宣示立皇十五子顒琰為太子，明年為嗣皇帝元年。

嘉慶四年（一七九九年），乾隆帝駕崩，享年八十九歲。

清仁宗嘉慶帝時期

盛世虛名下的悲情皇帝

Q 嘉親即位，普天同慶

乾隆帝曾經立過三個接班人，嘉慶帝顒琰是其中之一。乾隆帝立的第一個接班人，是皇后富蔡氏所生的皇次子永璉。按說，永璉繼承自己的「家業」是理所當然的。而且，永璉不僅是嫡子，還聰明伶俐，氣宇不凡。但是，永璉卻是個沒福氣的命，九歲就死了。第二個接班人是永琮，這小傢伙兩歲就因爲痘症死了。第三個是顒琰，也就是嘉慶帝。

乾隆共有十七個兒子，可是大都夭折了，乾隆帝爲此十分傷心，命令大臣不准提立太子之事。到了乾隆三十八年，乾隆帝六十二歲了，已無法回避這個問題。此時，乾隆帝在世的皇子只有六位，有兩個被過繼他人，剩下四位都不太成器。只有顒琰比較忠厚，學習努力，行爲舉止也比較得體，只好選他了。

嘉慶帝是乾隆帝的第十五子，他本名叫永琰，當皇帝後改爲顒琰，「嘉慶」是他的年號。嘉慶帝生於乾隆二十五年，三十四歲時被封爲嘉親王，四十五歲被冊立爲皇太子，四十六歲即位，改元嘉慶。「慶」爲普天同慶，「嘉慶」的意思是「嘉親王即位，國泰民安，普天同慶」。

嘉慶從老爹乾隆手中接過權杖的時候，才發現老爹時代所謂的盛世，只不過是「虛景」而已。嘉慶四年，統治中國六十多年的乾隆皇帝病逝於養心殿。當了三年嗣皇帝的嘉慶，從老爹手中接過那根夢寐以求而又十分沉重的權杖，開始親掌政權。嘉慶親政後，發現此時的國家，財政匱乏，軍備廢弛，內政不修，內亂頻仍，統治危機嚴重。

嘉慶最初親政後，國家曾一度出現了一些新的氣象。嘉慶親政後，發現清王朝面臨著嚴重的統治危機。爲了遏制清王朝走向衰敗的趨勢，爲了撲滅已成爲燎原之勢的白蓮教起義，他打起「咸與維新」的旗號，廣開言路，整肅內政，使嘉慶朝初期出現了一些新的氣象。

和珅很早就被嘉慶拉入了黑名單，正尋找時機整治他。早在顒琰做皇子嘉親王時，就討厭和珅，一點兒也不待見他。顒琰被定爲儲君，由於和珅與乾隆走得很近，預先知道這件事。就在乾隆帝公佈嘉慶爲皇太子的前一天，和珅送給顒琰一柄如意，暗示自己對嘉慶即位有擁戴之功。嘉慶當時是把笑掛在臉上，恨在心裏。但因老爹寵愛和珅，不便動手。

嘉慶即位後，太上皇乾隆還健在。面對深受老爹寵愛的老賊和珅，嘉慶首先採取欲擒故縱的策略。和珅的一舉一動，他看在眼裏，不動聲色。有些大臣在嘉慶面前批評和珅，嘉慶卻爲和珅說好話。他向太上皇奏報一些軍國大事時，也經常讓和珅去代奏、轉奏，以此表示信任，穩住和珅。

嘉慶帝在乾隆大喪期間，就著手懲辦和珅。在乾隆大喪期間，嘉慶對和珅說：「我老爹生前最寵愛你，現在他撒手西去了，你也應該好好陪陪他，以盡臣子的忠誠。」於是，嘉慶就命和珅與其死黨福長安爲乾隆晝夜守靈，還囑咐他們不得擅離，切斷他們與外界的一切聯繫。這實際上是削奪了和珅的首輔大學士、領班軍機大臣、步軍統領、九門提督的軍政大權。

乾隆大喪期間，給事中王念孫等官員上疏，彈劾和珅弄權舞弊，犯下滔天大罪。嘉慶當天沒有行動，第二天果斷宣布將和珅、福長安的職務革除，立即下刑部大獄。與此同時，嘉慶命儀親王永璿、成親王永瑆等，負責查抄和珅家產，並會同審訊。

乾隆末年以來，國內大小鬧事不斷，乾隆剛退休不久，川、楚、陝爆發了白蓮教大起義。到乾隆去世前，朝廷多次派兵圍剿，起義軍雖受到了打擊，但是愈挫愈勇，野火吹不盡春風吹又生。嘉慶親政後，通過誅殺和珅，倒解了不少民怨，於是讓和珅送佛送到西，把什麼責任都擔了。

和珅一生積累的財產，最後都被嘉慶帝查抄了個乾乾淨淨，這才叫坐收漁翁之利。除了庫存的糧食拿去賑災、和家府邸平分給永璘及固倫和孝公主、和家園林贈予

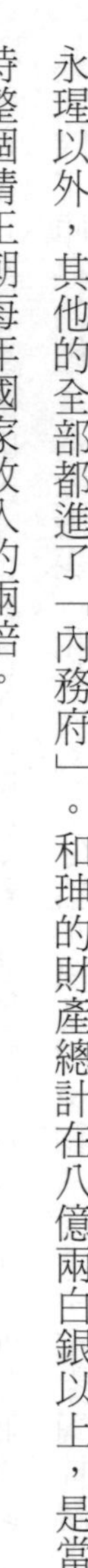

永瑆以外，其他的全部都進了「內務府」。和珅的財產總計在八億兩白銀以上，是當時整個清王朝每年國家收入的兩倍。

嘉慶帝在老爹乾隆死後，重新進行了一連串的人事調整。嘉慶帝傳諭他的老師署安徽巡撫朱珪來京供職；下旨讓宗室睿親王淳穎、定親王綿恩、儀親王永璇、慶郡王永璘等分掌軍政；命令從即日起，各部院所有大臣上奏的文件，都要直接向皇上奏報，不得將上奏的內容事先告訴軍機大臣，軍機處也不得再抄錄副本。

嘉慶帝在老爹乾隆死後的短短半個月時間裏，就把一個被先帝恩寵三十年的二把手「皇帝」和珅加以懲治，動作迅速，乾淨俐落，寬嚴適當，這是非常難得的。這也是嘉慶帝一生處理重大政治事件中最爲精彩的一筆。

嘉慶帝是一個明智的皇帝。和珅被誅殺後，其餘黨都成了驚弓之鳥，心都提到嗓子眼了。偏偏這個時候，又有朝臣上疏，力主窮追和珅餘黨。但嘉慶是個明智的皇帝，他沒有那麼做，而是在除掉和珅後，馬上收兵。對於和珅的親信，嘉慶帝除了處分了一些比較重要的人外，其他由和珅保舉升官或給和珅送賄者，都沒有追究。因爲只有這樣，才有利於穩定政局。

嘉慶帝曾因爲外國使節不給自己叩頭，而把使節趕出去。一八一六年，阿美士德勳爵再次率領英國使團來到中國。覲見前，中國的大臣勸阿美士德見到皇帝要叩頭，但阿美士德不願意。隨後發生了一場中國人和英國人之間的混戰，使節要把英國人拉去見皇上，阿美士德等人抗議，並且打了使節一頓。這個事件報上去後，嘉慶皇帝非常生氣，英國人隨後被趕出了北京。

嘉慶皇帝總共有兩個皇后，並且夫妻關係都很和睦。嘉慶的第一個皇后叫孝淑睿皇后，總共生了兩個兒子，可惜第一個死了，第二個就是道光。不過，孝淑睿皇后在旻寧近乎成年的時候得病死了，後來嘉慶就又續了一個，叫孝和睿皇后。孝和睿皇后是個有福之人，生有兩個兒子，一個是皇三子綿愷，一個是皇四子綿忻。

清朝是因爲嘉慶年間大肆鎭壓白蓮教起義而元氣大傷，自此走向衰落的。在歷時九年多的戰爭中，白蓮教起義軍佔據或攻破州縣達兩百多個，抗擊了滿清政府從十六個省徵調來的大批軍隊，殲滅了大量清軍，擊斃副將以下將弁四百餘名，提鎭等一、二品大員二十餘名，清政府耗費軍費二億兩，相當於四年的財政收入。

嘉慶當皇帝時，遭遇刺客險些喪命。兇手自供行兇的理由是生活貧困，無處謀生，所以欲尋短見，但是又想在了斷之前做點驚天動地的大事，所以才來行刺皇上。後來，天理教起義，起義者曾一度攻進皇宮，在城樓上插反旗，直逼皇后住所，意欲搗毀金鑾殿。

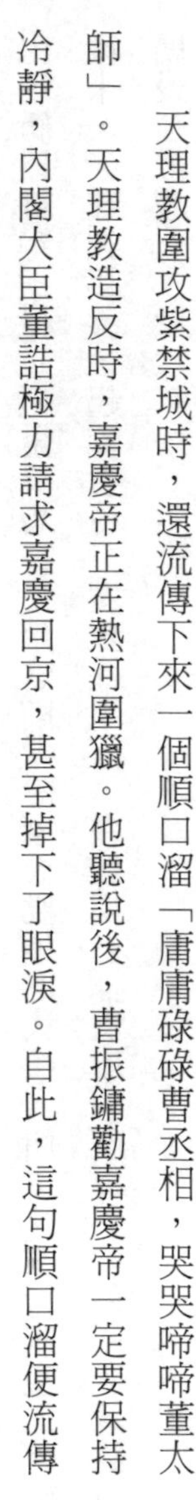

天理教圍攻紫禁城時，還流傳下來一個順口溜「庸庸碌碌曹丞相，哭哭啼啼董太師」。天理教造反時，嘉慶帝正在熱河圍獵。他聽說後，曹振鏞勸嘉慶帝一定要保持冷靜，內閣大臣董誥極力請求嘉慶回京，甚至掉下了眼淚。自此，這句順口溜便流傳了下來。

天理教圍攻紫禁城後，倒楣的嘉慶帝開始反省自己。天理教被鎮壓下去之後，嘉慶帝草擬了「罪己詔」，哀嘆這次的禍事是漢唐宋明從來沒有出現過的事情。等他回京後，諸大臣都迎駕於朝陽門內。嘉慶帝哀嘆道：「真是悲哀啊！我大清以前是何等的強盛啊，現在竟然出了這等事情！」眾大臣也都嗚咽痛哭起來了。

嘉慶帝對天理教圍攻紫禁城的事情惱羞至極。爲此，嘉慶帝將捕獲的天理教頭目林清凌遲處死，將首級送到直、魯、豫地區示眾。此後，還派兵火燒起義據點大興縣宋家莊，處決林清的姐姐、妻子。對其他的起義者進行嚴刑審訊，使用各種慘絕人寰的酷刑。最後把被捕者及其家屬共三百多人處死，或流放邊疆，或在內地爲奴。

嘉慶帝和他老爹乾隆同樣都崇尚節儉。但嘉慶是真節儉，乾隆是嘴上功夫大。嘉慶帝過五十大壽時，御史景德奏請按例在他的萬壽節時，城內演戲設劇十日。嘉慶帝不高興了，降諭訓斥，並將景德革職，發往盛京派當苦差。同時，嘉慶帝還嚴令各地不許在他壽辰之日廣陳戲樂，也不准辦理慶典，各地派京慶壽的督撫及將軍、提督，一概不准進獻珠玉陳設。

嘉慶帝當政二十多年，始終都堅持節儉。嘉慶不僅提倡官員們節儉，自己還以身作則。他希望通過自己的行動，使國人都變得樸素起來。然而，他的良苦用心及其所作所爲並沒有感動文武百官，奢侈之風反而更加猖狂起來了。

嘉慶帝最痛恨粉飾升平的官場作風。嘉慶帝對於一些諱災失職官員的處分一直都是很嚴厲的。在嘉慶帝時期，凡是粉飾升平的官員，有的被革職，有的被流放。他一直能夠言出法隨，對諱災不保的地方官員不斷給予懲治。

嘉慶十三年，淮安發生了百年不遇的水災，李毓昌奉命到山陽縣監督視察震災情況。知縣王伸漢要李毓昌多報救濟人數，以便可以多得點外快。李毓昌拒絕了，王害怕事情敗露，就先發制人地買通李僕毒死李毓昌。知府王轂也收了王伸漢賂銀四千兩，驗屍時以自殺結案。但李毓昌親人卻從遺物中發現血跡，開棺驗見服毒狀，便到京城告御狀，後此事水落石出。

嘉慶帝固然一生勤於政務，但也有一愛好，就是愛看戲。有史書記載說嘉慶剛登上皇位的時候，雖然老爹乾隆已經退居二線，但畢竟掌權這麼久，對於權力還是無法徹底放開，仍在和珅的輔佐下獨攬大權，嘉慶無事可做，乾脆先提前把戲癮給過了，以後好勤於政事，結果在嘉慶元年正月，剛剛登上皇帝寶座的嘉慶帝一連看了十八天大戲。

嘉慶帝很愛打獵。嘉慶帝即位初年，乾隆老邁，自然不能遠出行圍；待乾隆去世後，嘉慶帝又因清算和珅、鎮壓白蓮教大起義忙得一塌糊塗，沒時間出去打獵；直到嘉慶七年，嘉慶帝才第一次去木蘭狩獵。他原想經過將近十年的休養生息，圍場上的獵物肯定很多，沒想到千軍萬馬忙活了一天，才打到兩隻狍子。

皇帝的話就是聖旨，上面說什麼，下面照做就好，可是下面要是有意見怎麼表達呢?乾隆時權臣當道，沒人敢說實話，嘉慶就勸大家直話直說，誰知洪亮吉講了不太好聽的大實話，卻得罪了嘉慶，被流放邊疆。老天看不下去了，接下來的一整年京師大旱，而嘉慶赦免了洪亮吉的第二天，京師就下雨了。

嘉慶和乾隆一樣，很重視河道的管理，即使財政再緊張，也從來不會對災民苛刻，因爲他覺得災民本來就夠可憐了，怎麼可以讓他們更可憐。嘉慶幾乎每年都會撥出專款用於專門的防洪抗旱工作，他親政期間，除最後一年外，幾乎年年減免百姓的公糧，很是大方。

嘉慶對貪官污吏一點也不心慈手軟。嘉慶五年，嘉慶處死了向糧道衛弁勒索幾萬兩銀錢的漕運總督富綱，嘉慶十一年四月十六日，免去了河東河道總督職務，嘉慶十一年九月，查處了直隸司書王麗南侵吞帑銀三十一萬兩大案。嘉慶十四年五月，巡漕御史英綸以貪污卑污處以絞刑，可見嘉慶對貪官懲罰的嚴厲。

對於官員的不盡職盡責之風，嘉慶帝首先從自己做起，學習老爹乾隆認真工作。他每天一大早就起身閱讀祖宗實錄，批閱奏章，早飯後召見大臣。對於拖拉延擱的現象他會嚴厲處置。嘉慶十三年四月，皇孫出世，內閣考慮到嘉慶帝正高興，怕送奏摺影響他，但他卻說不能因爲任何事給自己找藉口不工作。

嘉慶承襲著老祖宗的規矩，卻苦了他自己。八旗子弟都嚴格遵守老祖宗的規矩，學習騎射等，但全部開支都靠國家供著，不用爲生存擔憂，更不會種地經商。時間久了，這些貴族們什麼本領也不會。對此，嘉慶也沒辦法，老祖宗的制度不能改，他只能啞巴吃黃連，爲這些紈褲子弟擦屁股還賬，再適時加點感化教育。

嘉慶時期，八旗子弟墮落嚴重，嘉慶帝不想再讓他們受國家供養了。嘉慶帝的負擔很重，國家的人口眾多，人均土地面積很少，這就夠他頭疼的了。但他還要供養八旗子弟們，他們全都不是省油的燈。八旗子弟們揮霍無度，生計自然就成了問題。嘉慶帝需用政府的錢替八旗子弟還債。嘉慶帝試圖把部分北京的八旗子弟遷往東北，但由於八旗子弟的抵制而很難推行。

雖然嘉慶帝爲了改變這種混亂的局面不知道死了多少腦細胞，但是效果卻像肉包

子打狗有去無回。其實也不能都怨嘉慶，乾隆老爹後期，社會上亂七八糟，烏煙瘴氣的，很難有什麼改變，再加上嘉慶不是那種翻雲覆雨，大手改革的人，只會頭痛醫頭腳痛醫腳，根本改變不了什麼。

嘉慶是個死腦筋，祖宗制度是死的，人是活的，世界都在變，就他還抱著一根所謂的救命稻草當成寶貝，不知道變通。重農抑商，閉關自守，不講創新。裏外鬧事，嘉慶卻能坐懷不亂，不是他不亂，是他沒辦法改。於是，滿清從嘉慶開始衰敗得日益明顯了。

嘉慶並不是一個非常有作爲的皇帝，但卻是一個值得同情的皇帝。嘉慶帝在位二十五年，社會動亂不斷，危機四伏，已經開始出現衰落的跡象。和珅事件是他登基以來的第一桶金。但後來白蓮教、天理教等混亂社團在社會上興風作浪，他的能力僅限維持大集團不致癱瘓，至於創新就甭想了。

Q 後宮真正的女人

從嘉慶元年到嘉慶十年二月之前的十年裏，嘉慶的妃子們沒有爲嘉慶生下一子半女，這是爲什麼？是嘉慶自己的問題，還是有人暗中做鬼？有人說這是孝和睿皇后的陰謀，爲了自己的利益，她勾結如妃，胡作非爲，並且大言不慚地說：「後宮只有兩個真正的女人，就是我和皇后了。」

孝和睿皇后鈕祜祿氏出生自滿洲世家，也算是名門，既出過駙馬又出過皇后。鈕祜祿氏比嘉慶皇帝小十五歲，深得嘉慶疼愛，嘉慶改元時她才二十歲，在她二十二歲的時候，嘉慶的第一位皇后孝淑睿皇后喜塔臘氏去世，鈕祜祿氏遂從皇貴妃被晉封爲皇后。

孝和睿皇后鈕祜祿氏，在嘉慶六年被立爲皇后，生下兩皇子綿愷、綿忻。嘉慶帝於避暑山莊去世時，智親王綿寧陪同在身邊，但一時找不到嘉慶留下的傳位密詔。當時孝和睿皇后在北京，也沒有找到那份密詔，但她沒有自作主張讓親生兒子即位，而是下懿旨叫大臣們擁立智親王爲帝，是爲宣宗道光皇帝。

據說嘉慶是中暑死的。嘉慶二十五年七月二十，嘉慶早早就準備好要去木蘭圍獵，但是那天格外的熱，在去山莊的路上，嘉慶不小心中暑了。他到山莊後就噁心難受，而且症狀越來越厲害，在避暑山莊被活活地熱死。

也有人說嘉慶帝是突發心臟病死的。據說嘉慶是因爲愛吃肥肉，導致血脂肪過高、糖尿病等富貴病。嘉慶帝當時已經六十一歲高齡，還去圍獵，所以就經不起瞎折騰，沿途疲勞，天氣暑熱，得了突發性心臟病死的。

還有說嘉慶帝患有高血壓，是因爲這個病而死的。嘉慶帝很胖，而且他很愛喝酒，酒量在三四兩之間不算很大，但是經常喝，量就大了。再說說嘉慶帝的飲食：主要以雞鴨豬羊肉爲主，其中又以豬肉爲主，青菜吃得很少；海產品基本不吃，淡水產品吃得也少，他長期攝入高膽固醇、高蛋白的食物，又加上不運動，綜合到一塊，因此而死是有可能的。

也有人說嘉慶帝是由於勞累加上高血壓而死的。嘉慶帝親政二十年來，爲治理這個龐大的、千瘡百孔的帝國耗盡了他全部的心血，沒有一天輕鬆；他長期處在壓抑、煩躁、憂愁和勞累之中，這種狀態對很多疾病都有推波助瀾的作用，對一個高血壓病人來說尤爲不利！

＊微歷史大事記＊

乾隆二十五年（一七六〇年），清仁宗愛新覺羅．顒琰出生，原名永琰，清朝第七位皇帝，乾隆帝第十五子。

乾隆六十年（一七九五年），宣示立皇十五子顒琰為太子，明年為嗣皇帝元年。

嘉慶元年（一七九六年），行授受大典。

嘉慶四年（一七九九年）正月，太上皇逝。嘉慶帝親政。大學士和珅及尚書福長安皆獲罪下獄。和珅賜死於獄，福長安問斬。

嘉慶七年（一八〇二年），川、楚大部分白蓮教起義被鎮壓。

嘉慶八年（一八〇三年）閏二月，嘉慶帝由圓明園還宮，入貞順門，陳德行刺，不成被俘。陳德及其二子伏誅。嚴申宮門之禁。

嘉慶九年（一八〇四年），清廷徹底鎮壓了白蓮教起義餘部，此戰事遷延九年，清廷耗軍費白銀二億兩。六月，蔡牽於海上起義。

嘉慶十年（一八〇五年），查禁西洋人刻書傳教。

嘉慶十三年（一八〇八年），英國兵船進泊香山洋面，派兵據澳門炮臺，以防禦法國保護貿易為藉口。

嘉慶十六年（一八一一年），禁西洋人潛居內地，並禁民人習天主教。

嘉慶二十一年（一八一六年）七月，英國使臣到京，因禮儀之爭未覲見嘉慶帝而去，並企圖把天津作為新的貿易口岸，帶領英使的大臣和世泰等受到黜降。

嘉慶二十五年（一八二〇年）七月，嘉慶帝逝於避暑山莊。

第八章

清宣宗道光帝時期

打補丁收銀子的虛偽皇帝

第八章

清宣宗道光帝時期

打補丁收銀子的虛偽皇帝

Q 跨古代和近代的皇帝

道光是孝淑睿皇后喜塔臘氏和嘉慶愛情的結晶，但這棵愛情樹上並不是只結了一個果，道光還有個哥哥，只可惜這個哥哥死得早，沒福氣，所以道光就順利地從次子上升到嫡長子的位置，並且還多了一個職位，太子。道光雖然比較好命，但他的老媽卻是個薄命的女人，沒有福氣享到兒子的福。她在嘉慶元年被冊封為皇后，第二年就一命嗚呼了。

道光帝年輕的時候，智勇雙全。嘉慶十八年夏天，嘉慶到承德避暑山莊的木蘭圍場去行圍，道光帝旻寧隨著父親去行圍，但因爲陰雨綿綿沒有辦法行圍，旻寧就提前回到皇宮，在尙書房讀書。一天，天理教的教眾在皇宮太監的指引下，衝到養心殿的外面，在尙書房讀書的旻寧把這事平息了，嘉慶特別高興，封他這個皇次子旻寧爲智親王。

道光當皇帝沒多久，皇帝的寶座還不知道暖熱沒有，「鴉片戰爭」就爆發了。但也不是因爲他，清政府才開始一步步地走加速下坡路的，清朝的衰落是幾代皇帝共同造成的惡性循環，只是道光恰好碰到了導火線。

都說冥冥之中自有定數，其實這定數就操縱在自己手中。發動第一次鴉片戰爭其實是英國議會通過投票產生的結果，支持戰爭的一方僅獲得九票的優勢。所以歷史沒有偶然性，事件發生都會有一個導火線。根本原因就是清政府軟弱無能的結果。

道光時期的清朝，正像一塊肥美的小羊羔肉，外國列強都虎視眈眈。道光時的清朝，積貧積弱，鴉片氾濫，官員們萎靡不振，苟且偷安，州縣勒索陋規已到立法都不能禁止的地步，武備不興，經制兵戰鬥力削弱，英國等列強國正虎視眈眈，覬覦擴大中國市場。而作爲一國之主的道光帝呢，連他也苟安姑息，得過且過，沒有任何學習西方，振興王朝的舉措。

道光帝一生中經歷最大的一樁事莫過於鴉片戰爭了，在針對外國向中國傾銷鴉片的時候，他也做了一定的積極措施。道光帝在洶湧而至的外國鴉片面前，採取了先王嘉慶一貫堅持禁止的政策。他派林則徐以欽差大臣身分赴廣州禁煙，後來又任林則徐爲兩廣總督。當他得知虎門銷煙的消息時，高興得不得了。

道光帝和他先祖一樣，都犯了盲目自大的錯誤；在面對外國列強的船堅炮利時，他又表現得非常懦弱。英國剛開始發動侵略戰爭時，他以爲不可怕，「天朝」可以速勝。但當英國艦船北犯，到達天津海口並向清政府提出割地賠款要求時，道光帝傻眼了、害怕了，立刻從主戰的立場轉變爲主撫即妥協的立場。還把英國的強盜行爲歸罪於禁煙。

道光帝是那種願意蝸居於安全的一角的人。道光帝感覺自己國家的實力根本抵抗不了英國時，他派琦善爲欽差大臣到廣東與英國談判，要求琦善上不失國體下不開邊釁，意思是既不要給英國割地賠款，又不跟英國發生軍事衝突。道光帝的想法可真夠幼稚啊！這等於既不讓闖進屋裏的強盜搶走東西，又不必跟他搏鬥。

道光是唯一一個跨古代和近代的皇帝。投降派琦善對英方讓步，私自允許將香港割讓給英國。道光帝知道後，將琦善捉拿，並先後派楊芳、奕山對英作戰。誰知，這兩人也是菜鳥兩隻，最後也失敗了。後來，清政府與英軍簽訂清朝第一個屈辱條約《南京條約》，使中國步入半封建半殖民地社會，中國從此由古代步入近代。

知錯就改，懂得懸崖勒馬都是好孩子，可道光帝這個孩子就是不知道吸取教訓，真是可憐之人必有可恨之處。道光帝在鴉片戰爭中立場動搖，指揮失敗，使中國蒙受恥辱，實在可悲。但他更爲可悲的是在此事件之後他沒反思，沒有任何振興王朝的舉措。鴉片戰爭的失敗，道光帝應該負主要的責任，可他卻把全部責任都歸罪於林則徐、鄧廷楨等大臣身上。

道光八歲的時候，跟著爺爺乾隆去打獵，乾隆讓他的子孫們來比賽。道光躍躍欲試射中了兩箭，乾隆大樂，撫摸著道光的頭說：「你要是連中三箭，我就賞給你一件

黃馬褂穿。」道光再接再厲，還真射中了三箭。乾隆命侍臣立刻取黃馬褂。侍臣找不到小的，倉促間只好給他一件大黃馬褂。那時的道光還沒黃馬褂大，穿上後路都沒法走，只好讓侍衛抱著道光回去了。

道光和他老爹嘉慶一樣，是個重視「仁、孝」觀念的人，他自己自然是非常孝順的。道光帝的養母、恭親王奕訢的生母，博爾濟吉特氏帶著「康慈皇太后」的名分離開了人世，去找她那個用情不專的丈夫嘉慶帝去了。博爾濟吉特氏一共在人世間停留了四十四年，是個有怪異經歷的女人。她是清朝歷史上唯一一個既沒有生過皇帝，也沒有做過皇后的「皇太后」。

道光二十九年十二月十一日，博爾吉濟特氏去世時，已經六十歲的道光甚是難過，每天只喝點稀粥，並且堅持給太后守靈，在圓明園愼德堂搭建守喪居住的苫帳。住進去才十幾天，道光就在饑寒交迫中得了肺炎，死在守靈的帳篷裏。

Q 史上最摳門皇帝

道光皇帝以節儉著稱，甚至被認爲是「史上最摳門皇帝」。道光穿的套褲，膝蓋處破了，讓人在上面補了一塊圓綢，就是常說的補丁。一次，道光見一位大臣的褲子上有補綴痕跡，便問人家的褲子也要補丁嗎。大臣說，褲子易做，但花錢多，所以也打補丁。他又問人家褲子補丁要多少錢。大臣說要三兩銀子。道光便說人家在宮外做東西便宜，他在宮內還要五兩。

皇后佟佳氏是個勤儉持家的能手，知道道光節省，就親自領著嬪妃宮女刻苦練習針線功夫，為皇帝補衣，親自裁剪製作日常穿的內外衣物。有一次，道光帝向皇后抱怨內務府縫補要價過高，佟佳皇后為了省錢，就連自己的坐墊破了也不捨得換，只是要宮女們動手補綴，然後繼續使用。

在道光帝的影響下，臨散朝時，大臣們免不了話話家常，或者互相哭窮，或者交流節儉經驗，比如哪兒可以買到便宜蔬菜，如何將一斤米煮出五斤飯。他自己經常穿著帶補丁的袍子上朝，可他在賣官方面卻「出手大方」。他在位三十年，年年有賣官的記錄，僅賣地方官所得就有三千多萬兩白銀，如果再加上賣京官所得，數目就更大了。

關於道光帝生活簡樸的逸聞很多。道光帝即位後，內府依例給他四十方硯，硯後鐫有「道光御用」四字。道光帝認為太多，閒置可惜，便將它們分給了臣下。以前皇帝用筆須選紫毫中最硬的。筆管上刻有「天章」、「雲漢」字樣。道光帝覺得不合用，讓戶部尚書英協揆到坊間買一般常用的純羊毫、兼毫兩種。

穆彰阿知道道光帝省儉，便主動穿著打補丁的朝服上朝，以迎合道光的心意。朝臣們一點就通，也一個個地穿上破舊袍子上朝見皇帝，以至於京城裏的舊貨鋪子把庫存的破衣爛衫都賣了個好價錢。到了後來，舊袍子貨源緊缺，價錢漲到了新袍子的兩三倍，有些窮官家應付不來了，只得自己動手，故意把新袍子弄髒弄破打上補丁。

孝穆成皇后，鈕祜祿氏，戶部尚書布顏達賚的女兒，是道光做皇子的時候娶的第一個老婆，她和道光的關係很好，夫妻關係很和睦，可惜很早就香消玉殞，沒有享福的命。不過跟了這麼個吝嗇鬼的皇帝，也不會享什麼福，只是死後倒被封了不少光榮稱號，也算是一種安慰吧。

孝慎成皇后，佟佳氏，是道光的第二任皇后。這個老婆雖然聰明伶俐，可是家世不行，沒什麼背景，被別的老婆欺負也在常理之中。不過她很知書達理，不和別的老婆一般見識，得到了道光的敬重，後來被升爲皇后。不過皇后寶座沒暖熱，沒福氣的佟佳氏就撒手人寰了。

孝全成皇后，鈕祜祿氏，清朝蘇州駐防將軍頤齡之女，滿洲鑲黃旗人。由於道光的子嗣並不多，爲了充盈後宮，孝和睿皇太后可謂是費盡苦心，甚至把自己的親侄女都給嫁給了道光。

孝全成皇后鈕祜祿氏極受道光皇帝的寵愛。有傳說稱，她爲了讓自己的兒子奕詝繼承大統，在自己的宮中擺下毒魚宴，想把別的皇子毒死，爲兒子繼承帝位掃清障礙。奕詝很忠厚，不忍心兄弟們被害，就暗示他們不要吃魚，讓孝全的陰謀沒能得逞。皇太后知道後大怒，賜孝全成立即自盡。

有人說孝全成皇后是因爲沒有處理好婆媳關係，才會被皇太后毒死的。雖說後宮佳麗三千，可是作爲九五之尊的皇帝卻是個癡情的種，集所有關心疼愛於四阿哥奕詝的親生母親孝全成皇后。但沒有城府又心高氣高的孝全成皇后忽視了皇太后的威嚴，沒處理好婆媳關係，最終被皇太后用藥酒毒死。可憐的道光傷心欲絕，但卻無能爲力。

道光帝在孝全成皇后死後，一直不敢調查孝全成皇后的死因，但無論如何，孝全成皇后一直存在皇帝的心中，是奕訢之母靜妃所不能比及的。孝全成皇后被迫害致死那一年，奕詝才十歲，之後，道光把對皇后的所有的愛都傾注在了小阿哥身上。

恭親王奕訢的老媽是道光的靜妃。孝靜成皇后，博爾濟吉特氏，刑部員外郎花郎阿女，剛嫁給道光時是靜貴人。後來得到了道光的寵愛，她似乎是道光所有老婆中與道光感情最好的一個，後來被提成靜皇貴妃。孝全皇后死後，咸豐才十歲，靜妃就代母親之職撫育咸豐。由於她對咸豐很疼愛，咸豐登基後，沒有忘記那份恩情，稱她爲

皇太妃。

道光二十六年，道光皇帝最先立的太子是奕訢。其按照立儲家法，將名字寫上黃綾，可是被一個內監看到「末筆甚長」，於是「其事稍聞於外」。傳言被道光聽到，道光認爲奕訢暗自揣摩聖意，明顯不夠成熟穩重，難以擔當大任，故「知而惡之」，將奕詝立爲太子。

道光二十六年，道光皇帝立奕詝爲太子，將名字寫上黃綾密藏了起來。而奕訢天姿穎異，越來越招人疼愛，道光有些後悔不該立了奕詝爲太子。道光將死時，命太監傳六阿哥進宮。奕詝恰好來請安，便趕快跑到床前察看動靜。道光見奕訢沒來奕詝來了，不覺失望，微微嘆息。待奕訢趕到，他已咽了氣。

道光帝也是一個倒楣的皇帝。道光帝在位期間正値清朝衰落，他爲挽救清朝頹勢做了一些努力，如整頓吏治，整厘鹽政，通海運，平定張格爾叛亂，嚴禁鴉片，起到了一定積極作用；他本人力行節儉，勤於政務，但作爲一個帝王，他的資質不高，加之社會弊端積重難返，清王朝在道光帝的統治時期進一步衰落，和西方的差距也越來越大。

道光帝即位初期做的第一椿大事，就是平定張格爾叛亂。道光六年六月，乾隆年間處死的大和卓波羅尼敦的孫子張格爾煽動少數民族叛亂，企圖復辟和卓家族統治。道光皇帝調集吉林、黑龍江、陝西、甘肅、四川清軍三萬餘人以揚威、楊遇春、武阿隆、楊芳爲統帥入疆平叛，終於擊敗張格爾，並於年末誘執張格爾，押赴北京，道光下令將其寸磔餵狗。

道光帝也幹過一些不盲目「封閉」的事情。乾隆中葉，乾隆帝害怕開礦會引起鬧事，採取了封礦政策。道光帝上臺後，打破了他爺爺乾隆中葉以來的封礦政策，允許礦藏開採。道光朝後期，道光帝提出任由老百姓自由開採政策，對開發資源，提高人民生活水準起了積極作用。

道光三十年，穿得破破爛爛的道光皇帝總算走完了他的一生，終年六十九歲。正當洪秀全在廣西金田村起義之際，道光帝撒手不管西去了。剛剛和英國人簽訂完喪權辱國的條約，規模龐大的農民起義又開始了。或許是因爲道光帝的心臟已經承受不了更多的打擊了。此時他就索性把眼一閉，剩下的讓子孫們擺弄去吧！

師夷長技以制夷——魏源

一七九四年，魏源出生在湖南邵陽。七歲就上了私塾讀書。十歲那年，由於天災

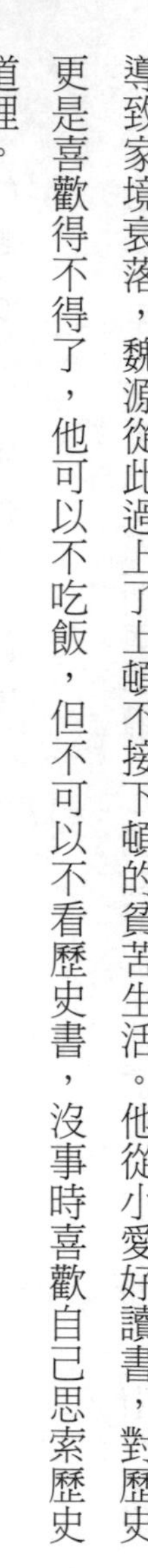

導致家境衰落，魏源從此過上了上頓不接下頓的貧苦生活。他從小愛好讀書，對歷史更是喜歡得不得了，他可以不吃飯，但不可以不看歷史書，沒事時喜歡自己思索歷史道理。

一八二二年，魏源去北京參加了科考，考上了舉人。第二年依靠學歷找了個不錯的工作，在直隸提督楊芳家當家庭教師，這個工作十分清閒，所以他有閒暇的時間做一些他比較感興趣的東西，爲他以後寫書提供了素材，可謂是一舉兩得。

一八二九年，魏源在北京出錢買了個在內閣中掌寫機密文書的官職。這廟雖小，裏面東西可不少，魏源利用工作上的便利條件，瘋狂地閱讀史館秘閣所藏的官書和士大夫的私人著作。

一八三一年，魏源的老爸死了，魏源回家奔喪。回家後，一天不工作就一天沒有飯吃，魏源覺得自己得找個兼職，既不妨礙奔喪又不會讓自己餓壞了肚子，於是他去協助兩江總督陶澍、江蘇巡撫林則徐籌畫漕運、鹽政、水利等改革，這樣一來吃住全包，他可以衣食無憂地暫時定居南京了。

魏源是個胸有大志的人，並且爲人能屈能伸。爲了實現自己的報國政治夢想，他成了兩江總督裕謙的幕僚，走在抗英鬥爭的最前線，並且不顧自己的安危，在前線擔任審訊戰爭俘虜的任務，後來他見到清政府懦弱無能，便心灰意冷，氣憤地離開了軍營，從此開始了兩耳不聞窗外事的著書立說生涯。

魏源總結了資本主義列強在中國的種種行爲，以及他們爲什麼比中國先進等問題，破天荒地提出了具有先進觀念的「師夷長技以制夷」，並且依靠這句話在中國的知識分子和官僚階級中迅速竄紅。

一八四〇年，英國洋鬼子故意挑事，發動了侵略中國的鴉片戰爭。魏源作爲一個具有濃烈愛國情懷的中國人，怎會躲在自己的小廟裏安心避世？他毅然地參加了抗擊英軍的志願軍。同年十月，當他聽到英國炮兵上尉安突德在浙江定海附近測繪地圖時，被當地群眾抓獲的消息後，立即趕往寧波知府衙門審訊戰俘。

一八四一年八月，魏源聽說被道光帝發配伊犁充軍的林則徐路過鎮江，便立即趕去迎接。好朋友相見，那是格外的親熱。林則徐把他在廣州編輯的《四洲志》交給魏源說：「你要廣泛收集資料，編寫《海國圖志》，以便找到那群南蠻子的死穴。」魏源答應道：「少穆兄（林則徐字少穆），我不會讓你失望的。」

魏源對清軍的腐敗落後感觸很深，曾在一本書中說「清軍老弱太多、虛額太多和薪餉太低，拿這些破銅爛鐵來對付武器精良的洋鬼子，你們就癡人說夢吧。」的同時，對清政府關於加強軍隊建設提出了許多建設性意見。

一八四四年，五十多歲的魏源才考上大學，後來被分配到江蘇當了個縣長。

一八四六年，魏源的老媽也去世了，這真是命運的捉弄，魏源又得辭職回家。回家後沒事做的他，只好繼續整理自己的《聖武記》和《海國圖志》，鬱悶了就出去散散心。之後他跑遍了東南各省，又去香港、澳門溜達了一圈。

一八五三年，在太平軍影響下的高郵農民也起義回應。魏源率縣吏捕殺起義農民領袖，與農民起義軍對抗。不久，就有人在背後打魏源小報告，之後清廷竟將魏源停職！

禁煙英雄——林則徐

林則徐小時候家境貧寒，老爹以賣柴爲生。有一天，一富人見他長得氣宇非凡，就與他交談。這富人見他聰明異常，認爲他將來必定會有成就。就和林則徐老爹商量，讓林則徐和自己的幾個兒子伴讀。這時林則徐才十二歲。

林則徐年少時和某位同學遊玩，看到一位老婦人掉了一百文錢，就和那位同學一起拾起，但那位同學卻偷偷藏起了一文錢，林則徐看到了很不高興。出任兩江總督時，那位同學想托林則徐求得官職，過了很久也沒有結果。他托人問林則徐，林則徐便對那人說，小時候心術不正，長大了也不能爲民做主。

林則徐二十歲時中了舉人，他所創的簡牘被福建總督張師誠賞識，因而被召做了幕僚。林則徐每次都親自書寫信函札記，還圈點批答寫作優秀的人。有人問他這樣是否繁瑣，林則徐回答說：「我可以瞭解一些知識，人力資源管理可以提高管理的速度，進度也提高了，不是一石兩鳥，爲何不可？」

有一次，林則徐與龔自珍同座談話。有人說那些善於辯駁的人很多都是狡猾的狐狸，林則徐笑著說：「你怎知道奸人容易辨認？奸人能說別人不敢說的話，能忍別人不能忍的事。如秦檜自信有策略聳動天下，無所顧忌，自信而堅持，這才是奸人。」說完，眾人都表示贊同，龔自珍也很佩服他。

林則徐性格急躁，容易發脾氣。在蘇州任職時，他親自書寫一幅匾額懸掛在廳堂之上，上面寫著「制一怒字」。林則徐解釋道：「我這人就這臭脾氣自己管不住自己，就讓這匾時刻提醒吧！」以前宋朝的賢士呂本中教導官吏們說「爲官應該先戒除暴怒的脾氣」，林則徐就是這樣做的，效果似乎不錯。

左宗棠年輕的時候雖然貧寒但是很有才，林則徐專門給他寫了一封介紹信給胡林翼。路過湖南時，林則徐去拜訪左宗棠。左宗棠上林則徐官船的時候落水了，衣服濕了，於是對林則徐說：「古人對待賢士都行三熏三沐之禮，我三沐之禮已經行過，三熏之禮還沒呢。」林則徐笑著說：「快快換衣，小心感冒。」

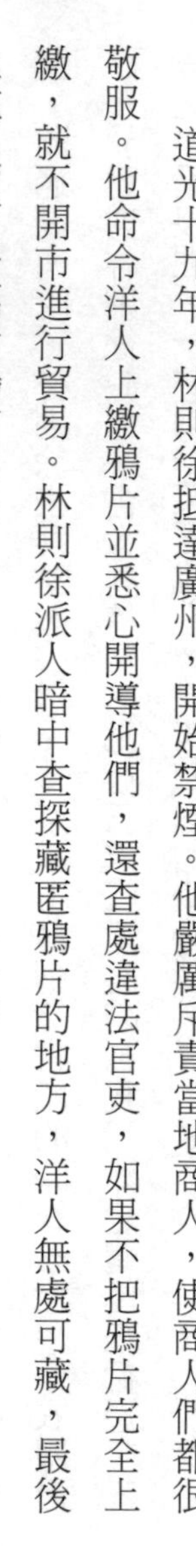

道光十九年，林則徐抵達廣州，開始禁煙。他嚴厲斥責當地商人，使商人們都很敬服。他命令洋人上繳鴉片並悉心開導他們，還查處違法官吏，如果不把鴉片完全上繳，就不開市進行貿易。林則徐派人暗中查探藏匿鴉片的地方，洋人無處可藏，最後上繳了兩百多萬斤鴉片。

林則徐一生做過很多官，每在一處就職都爲當地老百姓做了很多好事，而他一生的功過大部分都因爲處理毒品這件事。林則徐到達廣東後嚴厲查處鴉片，使得洋人、商販、吸毒的人迅速上繳了鴉片。

林則徐奉旨在廣東斷絕與英國的交易，並且嚴防英國人暗中藏匿鴉片。他細心觀察各國情況，發現英國法國不會輕易派兵前來，而俄羅斯等國又與英國有矛盾，彼此各自提防。所以他全力查辦收繳鴉片，購置武器，懸賞圍追洋人，使得洋人只能乘船跑到了浙江。

林則徐通過禁煙，看到洋人對中國的侵害不是一時就可以改善的，而中國強大的根本還是農田水利。所以他被貶到伊犁後就開始大興水利，推廣農業，認爲這或許是救國的一條途徑。

林則徐在去伊犁的時候，因爲熟悉水利，王鼎便讓他督辦河工的事情。林則徐排除了各種困難，終於使得大壩合攏。後來聖旨到了，還讓林則徐前往伊犁，王鼎知道後很害怕，而林則徐卻很淡然。林則徐到了伊犁偏遠的地方，在那裏爲老百姓開挖河湖，興修水利，一直到現在都還被當地老百姓所稱頌。

林則徐在西域的時候，南中的士紳百姓主動募集資金想要爲林則徐贖罪，很快就籌集了幾萬兩銀子。林則徐聽說後，寫信婉言謝絕了，最終這件事並沒有實行，但沒過多久，林則徐就被赦免了，還升了官職。

張亮基原來跟隨王鼎治理河工事務時，正巧林則徐因爲貶官也在那裏治理河務，林則徐非常器重他。當時張亮基拒絕了士兵贈送的三千兩金子，林則徐發現了，記下來卻沒有告訴別人。當張亮基做永昌太守時，林則徐在西域被赦免歸還，張亮基就在路途上拜見他。林則徐很高興，讓他看了關於拒絕贈金的記載。

廣東賊寇四起，林則徐被赦免後，就星夜兼程趕去平亂。當時他有病在身，他的兒子勸他休息，他卻說冰天雪地都可以克服，這點疲勞算得了什麼。爲此他還題了一副對聯：「苟利國家生死以，敢因患難避趨之。」賊寇害怕林則徐威名，本來想解散，林則徐卻因勞累病死了，如此賊寇的氣焰反而更囂張了。

林則徐被赦免擔任雲貴總督，卻在家中生了病，後來奉命征討賊寇，卻死在了路上。爲此，咸豐帝賜了一副輓聯：「答君恩，清慎忠勤，數十年盡瘁不遑，解組歸來，猶自心存軍國；殫臣力，崎嶇險阻，六千里出師未捷，騎箕化去，空教淚灑英

雄。」天下臣民讀了，都感動得落下了眼淚。

有人說林則徐是被人下毒殺死的，卻不知道用的什麼辦法。有人說兇手是把毒藥塗在了車轎扶手上，因爲天氣熱，氣味進入林則徐口鼻之中，所以後來什麼痕跡都查不到。可見，下毒人很高明。

桃花漁者——陶澍

道光十二年，陶澍主持兩淮鹽政，懲治了奸惡的鹽商，處罰了貪污的官吏，使那些每年因此獲利的人對他恨之入骨。他們逗耍紙牌，在紙牌上畫上桃樹，另外還畫上一個砍伐桃樹的人，可見他們對陶澍的憎恨。陶澍聽說了這些，就對別人說：「奸商汙吏的行爲令人髮指，身爲大臣，就要摒除奸惡盡心報國。」

陶澍喜歡議論時事人物，唯恐說得不詳細，即使在朝堂之上也是如此。有一次他在朝堂上奏對，讓道光帝很是懷疑，幸虧孫文靖力保他，他才得到了大用。陶澍善於處理人際關係，懂得知人善任。

陶澍在六十歲時任兩江總督。有一次他看到一副對聯時很是讚賞，這副對聯寫道：「八州都督，五柳先生，經濟文章歷代心傳家學遠；六秩初周，一陽來復，富貴壽考百年身受國恩長。」可見陶澍不僅文才卓著，還憂國憂民，時刻想著報答國恩。

一朝天子一朝臣——穆彰阿

穆彰阿在道光年間主持軍國大事。這年羅衍，張芾，何桂清同時登第，都未到弱冠之年。張、何二人很快依附穆彰阿，只有羅衍不與他同流合污。初試時，三人都得差，別人讓羅衍去拜見穆彰阿，羅衍不聽。次日聖旨下，說羅衍太年輕，不能勝任官職，而張、何二人皆小於羅衍卻得官職。穆彰阿專權恣肆，由此可知。

道光末年，五口通商之事穆彰阿一人把持。林則徐虎門禁煙後被貶，王鼎力薦林則徐，向道光帝面奏反對與英國議和，力保林則徐可用，道光不聽。王鼎懷著極度悲憤的心情，懸梁自縊，以身殉國，留下遺摺彈劾穆彰阿誤國。穆彰阿聽說後很恐懼，就找人用重金買通王鼎兒子王伉並威脅他，偷偷更換了王鼎的遺摺。

穆彰阿有一天向戴熙索要一幅畫，戴熙就臨摹了一幅水墨山水畫給他。穆彰阿大怒，因為水墨畫沒有顏色。他對別人說：「戴熙為伶人作畫尚且設色，難道認為我還不如伶人嗎？」之後竟然向皇帝進讒言斥責戴熙行為不檢。戴熙因此從侍郎別降為三品京堂候補。後來戴熙殉難，有人請求建祠堂，都不被批准。

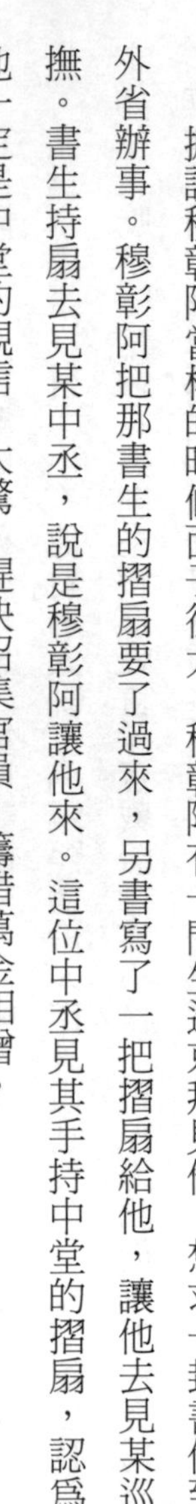

據說穆彰阿當權的時候面子很大。穆彰阿有一門生進京拜見他，想求一封書信到外省辦事。穆彰阿把那書生的摺扇要了過來，另書寫了一把摺扇給他，讓他去見某巡撫。書生持扇去見某中丞，說是穆彰阿讓他來。這位中丞見其手持中堂的摺扇，認爲他一定是中堂的親信，大驚，趕快召集官員，籌措萬金相贈。

穆彰阿當權的時候，沒少整人也沒少貪污納賄，大家對他都很不滿。咸豐皇帝一即位就想跟他算算總賬，可惜還沒等他動手，穆彰阿就提前去見太祖了。據說死前三天，穆彰柯邀請親朋好友去聚會，飯到一半，他說我要走了，而後便回屋裏換了身衣服，出來就死了。

道光十八年，有個大名鼎鼎的人物得了高考狀元，這個人就是曾國藩。因爲本年會試的主考總裁即是穆彰阿，張榜當晚，曾國藩就去登門拜謝。穆彰阿首次與曾國藩相見，對曾國藩很有好感，覺得他舉止端莊，具有朝廷大臣的風範。有強權作靠山，再加上自己刻苦深造，曾國藩在翰林院是一帆風順、步步高升。

微歷史大事記

乾隆四十七年（一七八二年），愛新覺羅・旻寧出生，即清宣宗，通稱道光帝，是清入關後的第六個皇帝。

嘉慶二十五年（一八二〇年），嘉慶帝去世，綿寧即位為帝，改名「旻寧」，年號道光。

道光十二年（一八三二年），英商船至閩、浙、蘇、魯海面，希望在廣州以外，另開口岸。

道光十四年（一八三四年），英國第一任駐華商務監督律勞卑抵達廣州，在要求與兩廣總督會見直接磋商貿易事務被拒絕後，率軍艦炮擊虎門。

道光十五年（一八三五年），兩廣總督盧坤、水師提督關天培奏請增修廣州炮臺，廣東定《防範洋人貿易章程》。

道光二十年（一八四〇年）六月，英國遠征軍到達中國海面，鴉片戰爭爆發。

道光二十一年（一八四一年）正月，英軍攻陷虎門沙角、大角炮臺，道光帝被迫下詔向英軍宣戰。五月，《廣州和約》的簽訂，激起廣州人民的憤怒。廣州三元里人民奮起抗英。

道光二十二年（一八四二年），英軍攻陷長江吳淞炮臺，江南提督陳化成力戰犧牲，上海失陷。道光帝批准中英《江寧條約》（即《南京條約》），答應割地、賠款、五口通商。

道光二十四年（一八四四年）五月，耆英與美國代表顧盛簽訂不平等的《中美望廈條約》。九月，耆英與法國代表簽訂不平等的《中法黃埔條約》。

道光三十年（一八五〇年）正月，道光帝病逝。皇太子奕詝即皇帝位，以明年為咸豐元年。十二月，洪秀全於廣西金田起義。

清文宗咸豐帝時期

時運不濟的苦命天子

Q 清朝最後一位通過秘密立儲即位的皇帝

道光皇帝對於自己的接班人考慮的非常慎重，這是他多年以來的一塊心病。鴉片戰爭結束那年，道光帝已經過了六十歲。但長年爲國事操勞，再加上洋人的騷擾早已使他筋疲力盡了。他自己也認爲該爲接班人的問題操操心了。道光帝共有九個兒子。長子奕緯已經死了，次子、三子也是幼年就死了。立儲就剩下奕詝、奕誴、奕訢、奕詥可以選擇了。

道光帝的皇五子奕誴沒有繼承權，是因爲他把這個孩子過繼給別人了。道光二十六年，正當傳統的新春佳節餘興未消的時候，六十五歲的道光皇帝不知是怎麼了，突然降旨，宣布將皇五子奕誴過繼給悼親王綿愷爲嗣子。這就等於取消了奕誴的皇位繼承權，被踢出局了。原來是道光認爲奕※浮躁不能擔當大事。

道光帝的皇七子奕譞年方七歲，在繼承皇位上也處於劣勢。皇七子奕譞的兩個同母弟弟奕詥三歲、奕譓兩歲，不僅在年齡上不佔優勢，而且老媽莊順皇貴妃地位較低，她與奕詝的老媽孝全皇后、奕訢的老媽靜皇貴妃相比較，實在是占不了上風頭。所以，奕譞兄弟三人，人是不少，但都是小傢伙，因此不佔優勢。

皇六子奕訢能否當上接班人，是既有優勢又有劣勢的。奕訢的親媽靜貴妃在道光帝的后妃中居第二位，僅次於皇后。且在孝全成皇后死後，管理後宮，又撫育奕詝，很得道光帝信賴。這是他的優勢。但劣勢也很明顯，他不是皇后的兒子，嫡庶之別是嚴格的界限，道光帝為此不能不有所顧忌。選擇真難啊！道光帝決定再觀察一下這兩個孩子再說。

剛開始，大家對奕訢還是蠻有信心的，因為奕詝身上有缺陷。奕詝和奕訢因為只差一歲，所以倆兄弟從小一起在上書房學習，但奕詝小時候騎馬時摔了一跤，一不小心把腿摔折了，雖然後來腿治好了，但是落下了病根，此外奕詝還得過天花，臉上有麻子，功課又不如奕訢好，所以大家對奕訢比較有信心。

奕訢沒有奕詝的心眼多，其實也不是奕詝的心眼多，那都是他的老師杜受田的主意。奕訢比奕詝小一歲，但奕訢比奕詝善於騎射。一個春天，道光帝想檢驗一下皇子騎射的才幹。奕訢在圍獵中獲得獵物最多。奕詝卻按老師說的不發一槍一箭。道光就問原因，他說現在正是鳥獸萬物孕育的時候，不忍心傷害牠們。道光大喜，就有了傳皇位於他的打算。

皇六子奕訢與皇四子奕詝都有各自的家庭教師，但兩位老師卻是一個有才氣，一個有心計。一次，道光帝傳旨召奕訢和奕詝入對問策。奕訢的老師有才氣，讓奕訢知無不言，言無不盡。而奕詝的老師告誡奕詝，只要皇上說自己快死了，國家該怎麼辦時，你就趴在地上哭。奕詝依計而行。果然，道光帝覺得奕詝仁孝，有仁君風範。

據說道光帝是因爲愛屋及烏才把皇位傳給四阿哥奕詝的。雖然道光也知道在才華、智慧、武力等各個方面，奕詝並不及六阿哥奕訢那麼出眾，但正如康熙帝偏愛太子胤礽一樣，即使知道有更適合皇位的人選，但是聯想到奕詝的母親，想到那個曾讓自己無比心動、疼愛有加的孝全成皇后，道光還是把皇位傳給了奕詝。

咸豐皇帝是一個更加命苦的皇帝。咸豐帝是清朝入關後的第七位皇帝，也是清朝最後一位通過秘密立儲即位的皇帝。咸豐是清文宗奕詝的年號，「咸」是所有，普遍的意思，「豐」是豐盈、充足的意思，「咸豐」意爲天下所有人都豐衣足食。但是他在位期間，內憂外患接踵而至，天災人禍不斷發生，沒有過一天安穩的日子。

面對著內憂外患的困境，奕詝即位了。即位之初，他滿懷抱負，勵志富強大清，改變這悲慘的困境。他任用了林則徐、江忠源、李棠階等一大批有識之士，狠心罷免了不少朝廷的蛀蟲，比如琦善，同時很勤儉節省，可謂是勵精圖治，但他能否改變現狀呢？

胡林翼遠在貴州，咸豐不是很瞭解這個人，但看了別人的舉薦奏摺，知道他能吃苦耐勞，暢曉兵事，便任命他到湖北和太平軍激戰，可見咸豐是個識才的主兒，也可見清廷良將的匱乏。對於左宗棠，咸豐帝則令他自募一軍，隨同曾國藩襄辦軍務。最後，咸豐帝還利用湘軍解除了太平天國之圍。

英法聯軍於咸豐六年攻佔廣州，挑起第二次鴉片戰爭。咸豐帝用人錯誤，讓愚頑不知變通的葉名琛為兩廣總督兼五口通商事務欽差大臣，結果可想而知。葉名琛把英專使額爾金的最後通牒說成是求和，最後導致英軍佔領廣州。英軍佔領廣州之時，葉名琛讓清軍去對抗訓練有素的英軍，結果可想而知！

咸豐八年，氣勢洶洶的英法艦隊攻陷大沽炮臺，進迫天津。作為京都的門戶，咸豐有危機意識了，忙派桂良、花沙納前往天津議和，與英、美、法、俄分別簽訂喪權辱國的《天津條約》。獅子大開口的列強不滿足於《天津條約》規定的權利，蓄意進一步挑起戰爭。咸豐帝命清軍加強大沽口防務，算是做垂死的掙扎。

咸豐十年，英法兩國再次洪水猛獸般的組成侵華聯軍，大舉入侵。英法兩國的侵華聯軍隨即攻佔天津，揚言向北京進犯。咸豐帝慌忙派遣怡親王載垣、兵部尚書穆蔭為欽差大臣，前往通州與英、法議和。得了便宜的英法軍隊見清軍的軟弱更是有恃無恐，毫無顧忌地進攻到北京，洗劫了圓明園和故宮。

咸豐的猶豫不決，一次又一次的把事態擴大：一旦敗仗，他便趕快求和，簽訂《天津條約》；獲得一點勝利就沾沾自喜，撕毀《天津條約》；再打敗仗，卻拒絕妥

協。他沒有想過在天津談判中就地解決問題，也不看看那時的中國怎樣，只一味地支持肅順、載垣、穆蔭一夥，胡鬧似地將英使巴夏禮等誘擒到北京，結果只能是引狼入室。

咸豐帝的資質在清朝帝王中大概能居中游偏上。他即位以後，重用漢族大臣，嚴懲貪污腐敗，改革力度是嘉慶、道光兩代君主所不能比及的。與其他一些封建帝王一樣，他的功過是要讓世人去評判的，在那個可悲的歲月裏，他即使苦苦掙扎，也是徒勞。

緋聞最多的一個皇帝

苦命的咸豐帝，卻有著一顆藝術家一樣的心，他對京劇有一種炙熱的追求，並且有很深的造詣。他最喜歡在避暑山莊的如意洲聽戲，是時，如意洲上鑼鼓喧天，堪比燈火闌珊的秦淮河。而且，在清朝皇帝當中，咸豐帝是「緋聞」最多的一個。

咸豐帝即位不久，就要充盈六宮。之前，清朝已經舉行過六次大的選秀活動。誰都沒有料到，這次選秀將改變大清國運。通過選秀進入宮廷、成爲咸豐皇帝嬪妃的蘭貴人，就是後來盡人皆知的慈禧太后。她生育了大清最後一位嫡皇——同治皇帝，並

且憑藉自己的手段，成爲晚清的實際操控者。

咸豐帝面對眾多的嬌媚女子，性生活無所節制。他逃到熱河以後，很快就進入了寒冷的冬季。雖然有肅順等一般群臣奉迎著，但咸豐帝的心情與天氣一樣的陰冷。咸豐十一年三月，咸豐帝更是咳嗽不止紅痰屢見，身體一天不如一天。但直到崩逝的前兩天，他還在傳命「如意洲花唱照舊」。

有奸佞之臣察知咸豐帝熱衷於漢族女子後，不惜重金購買數十名妙齡美女，獻與咸豐帝，甚合咸豐口味。之後咸豐帝乾脆「金屋藏嬌」，安排其中四位特別美麗漂亮的女子，分別居住於圓明園內的「鏤月開雲」、「杏花春館」、「武陵春色」和「綺吟堂」，獨自賞玩。

咸豐帝常近女色，毫無節制，身體愈來愈差。他問御醫如何才能使身體強壯起來，御醫對症治療，建議他飲鹿血，藉以補陽。咸豐帝立命養鹿一百餘隻，天天都喝鹿血。北逃熱河時，他還想帶著這些鹿走，只是由於兵荒馬亂，未能如願。

咸豐皇帝逃到承德避暑山莊做了些什麼？一貪女色，二貪絲竹。咸豐愛看戲，愛唱戲，有時粉墨登場。三貪美酒。咸豐貪杯，一飲即醉，一醉便鬧，大耍酒瘋。四貪鴉片。咸豐即位不久，違背祖訓，吸上鴉片，並美其名曰「益壽如意膏」。

咸豐帝僅有一子，那就是懿貴妃（後來的慈禧太后）所生的大阿哥載淳。孝欽

顯皇后（慈禧太后），葉赫那拉氏，名杏貞，咸豐皇帝的妃子，同治皇帝的生母，掌權期限僅次於清朝康熙帝和乾隆帝，人稱清朝「無冕女皇」。在其四十八年的統治期間，中國除了太平天國之亂外，還飽受外國侵略，國力日漸衰敗。

咸豐八年，咸豐帝的玫貴人徐佳氏生下第二個皇子，可惜此子出生後即夭折。從此以後到清朝滅亡，紫禁城內再也沒有一位后妃生兒育女，也算離奇。因此，慈禧所生的載淳被咸豐皇帝視若掌上明珠，畢竟這是他的獨苗。母以子貴，慈禧在宮中的地位可以想像。

咸豐想到自己死後，江山必將由載淳來繼承，但載淳年紀太小，一旦登基，十年八年之內不能親理國政。由誰來輔佐兒子代行皇權呢？憑血緣關係、憑才略，首屈一指的人物是恭親王奕訢。可他甘心集權於恭親王一身嗎？他會如何處理身後的權力格局呢？

不願權力落於弟弟之手的咸豐帝，在臨終前還是進行了白帝城托孤。他把太子交給肅順，但卻由其他七位大臣替小皇帝處理國政。咸豐對肅順也不是百分之百放心，他還交給即將成爲太后的皇后（後來的慈安太后）和懿貴妃（後來的慈禧太后）一人一個圖章，用來牽制大臣的權力，也算是對小皇帝的一種保障。

Q 天地會

太平軍起義後，發展很快。咸豐三年，太平軍將領、原東莞天地會首領何祿回家鄉號召父老起來反抗，第二年太平天國冬官正丞相、原廣西天地會首領羅大綱派劉杜川聯絡佛山天地會，相約一起造反。咸豐四年夏，廣東幾十個縣的天地會一起鬧事，參與者將近百萬，可謂聲勢浩大。

天地會又叫三合會、洪門、三點會，是個號召反清復明的自發組織，來投會的大多是處於社會底層的百姓，手工業者。天地會組織可謂紀律嚴明，平時在各地自立堂口，進行小範圍的破壞活動。他們自稱洪兵，以頭戴紅巾或腰纏紅帶為標誌，因此又被稱為紅巾軍。

咸豐年間，嚴重的天災人禍，把農民逼入絕境，他們只有聚眾造反，殺逐官吏，開倉搶糧，劫掠富戶，以尋求活路。在這樣的社會背景下，咸豐四年夏，廣東各縣天地會發動了浩浩蕩蕩的洪兵起義，數月之間，聚集了將近百萬的百姓，攻佔四十餘座州府縣城。等死也是死，何不搏一搏呢？

在絕境中求生存，是洪兵起義的主要目的。所以各地洪兵起義時，首先攻城殺官，破倉分糧。接著，向各富戶「打單」。所謂「打單」，就是勒索有錢的人家在一定限期內孝敬一下向來被虐待的老百姓，否則日子不會好過。「打單」得到的銀子，除充當軍餉外，還分給入會的群眾。因此，許多貧苦的老百姓為了活命，不惜鋌而走險。

咸豐四年六月十日，何祿首先在東莞石龍豎旗起義，揭開洪兵大起義的序幕。六月十一日，陳開在石灣起義，不久佔領佛山鎮，聚眾十萬，自稱大元帥。同日，李文茂在廣州北郊起義，自稱大元帥。七月二十日，廣州四面的洪兵共約二十萬人圍攻廣州城。由於指揮不統一，武器落後等原因，洪軍圍城半年之久仍未能攻下，無奈退軍。

陳開、李文茂率部隊沿西江直趨肇慶，在肇慶會合了梁培友率領的水上起義軍「坡山艇」。五月，洪兵四萬多人攻克潯州府城，建立大成國農民革命政權。這幾人得了政權後沒人冊封，乾脆自己動手豐衣足食，自命為王，同時聯合當地天地會組織，與清軍展開激烈的戰鬥，堅持了七年，直到咸豐十一年才被鎮壓下去。

陳開佔領佛山之後不久，就派馮滾率領幾個部下回鶴山發起起義。馮滾，又名馮坤仔，越塘隔山村人。他得到馮裳、李龍、呂瑤光、李仕焜等天地會會黨首領的支持，聚眾萬人，於七月初在沙坪起義，成功後自稱大王。

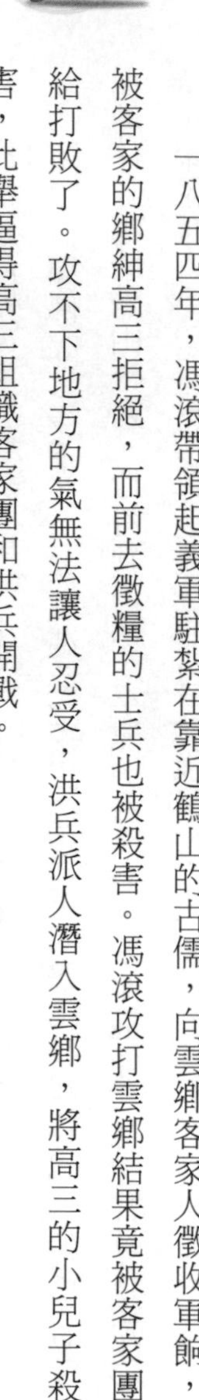

一八五四年，馮滾帶領起義軍駐紮在靠近鶴山的古儒，向雲鄉客家人徵收軍餉，被客家的鄉紳高三拒絕，而前去徵糧的士兵也被殺害。馮滾攻打雲鄉結果竟被客家團給打敗了。攻不下地方的氣無法讓人忍受，洪兵派人潛入雲鄉，將高三的小兒子殺害，此舉逼得高三組織客家團和洪兵開戰。

鶴山境內土人占多數，客民占少數，所以洪兵隊伍及其首領多數是土人。爲了鎮壓洪兵起義，聰明的清政府官員，從巡檢到總督，都知道利用土客兩族之間的矛盾，讓客家團勇幫助清軍去剿滅洪兵並給予一定好處。這使客民與土人的矛盾激化，不僅傷害了客家人更傷害了土人，但清軍從中獲得不少利處。

咸豐四年八月十三日，典史馮榮、巡檢羅瀛叫上附城都四十堡訓練過的士兵將近萬人去收復鶴山縣城，這批所謂的士兵，其實不過是客家人自己組織的民兵隊伍。咸豐五年四月，新任的鶴山知縣沈粱以崖門爲突破口進行進攻。沈粱到任時，縣城已被鄉勇收復，洪軍中有不少人已經被殺，可沈粱繼續大開殺戒，讓各鄉紳交出本鄉本族曾參加會黨和洪兵的群眾，要是不交，鄉紳小命就不保。這麼狠的一手，有個名字做「拘紳緝匪」。

土客鬧事從鶴山開始，迅速蔓延到恩平、開平、陽春、高明、新寧、高要，而且這些縣的鬥爭更加瘋狂刺激。比如，咸豐四年七月至咸豐五年五月，客家練兵團對恩

平橫陂、牛江、朗底、大田、那吉一帶的土著村莊發起了全面進攻，連毀四百餘村，土人死傷慘重，橫屍遍野，慘不忍睹。

清政府對於已經集結起來的客民遣散安置方法有三種：恩平一帶的客人發送到外州外省，五坑的客人遣送回來源地粵東，新寧的客人就地集中安置。此外，那些分散的客民，如果已定居五代以上且願意留下並能立足的，清政府准其繼續留居原地不予遣散，也算是給了一定的優惠政策。

太平天國起義爆發後，咸豐帝看透了八旗和綠營的不堪，也已經知道問題之所在，哪有不改之說？咸豐帝絞盡腦汁終於想到一計。咸豐二年十二月，他正式下令各地方士紳在各地方辦理團練。在咸豐帝興辦團練的決策之下，湘軍迅速崛起。

在與太平天國的纏鬥中，清王朝的督撫換了一批又一批，卻依然於事無補。人才成爲咸豐帝急需的寶貝，滿臣文慶和肅順就是在這種局勢下脫穎而出的。這兩位滿臣眼界開闊，大膽上書咸豐帝啓用漢臣，咸豐帝也不拘成法，不守陳規，果斷進行人事變革，重用漢臣規模之大，爲清朝立國至今所罕有。

一八五〇年三月二十日，剛剛登基九天的咸豐皇帝便下詔百官言事，隨後又下詔求賢。作爲年僅二十歲的皇帝，咸豐血氣方剛，風華正茂，欲以年輕人的蓬勃朝氣來澄清宇內。面對新皇帝的求賢與言事，百官們的文書如雪片般飛來，其中最爲咸豐皇

帝欣賞的，就是倭仁和曾國藩的建議。

咸豐二年，太平軍進軍湖南，圍攻長沙。左宗棠作爲巡撫張亮基的幕僚，協助處理軍務，調集軍隊儲備，管理文案雜書，直到長沙圍解。第二年正月，張亮基升職任湖廣總督，左宗棠亦隨同去了湖南。咸豐四年，左宗棠又成了湘撫駱秉章幕僚，期間爲鎮壓太平軍，策劃軍事，可謂傾盡心力。

咸豐十年閏三月，太平軍破清軍江南大營，趁機南下常州、蘇州、嘉興等地，除上海外，蘇南地區都被太平軍攻佔。四月，左宗棠奉命以四品京堂銜候補之職，跟著曾國藩襄辦軍務。他在長沙招募訓練楚軍一萬多人，用來支援江西、安徽抗擊太平軍的力量。次年二月，楚軍擊敗太平軍，解祁門之圍，屢建奇功。

中國皇權專制制度一向以從治到亂、從亂到治的規律延續著，咸豐帝即位時，清朝已經歷盡兩百年有餘，整個社會已經開始走下坡路。在京官員大多當一天和尙撞一天鐘，外地官員也多爲營私舞弊、貪墨成風。社會體制已是百孔千瘡。

一八五三年九月，太平天國北伐軍逼近天津和保定，咸豐帝險些被捕。一八六〇年九月，英法聯軍攻入北京，火燒圓明園，咸豐帝倉皇逃到熱河避難。此後，咸豐簽署了兩個喪權辱國的條約《天津條約》和《北京條約》。而俄羅斯也趁火打劫，鯨吞中國北方大片領土！

咸豐雖然在即位之初銳意求新，兢兢業業，雖然他的改革之猛，變通之巨遠超前代，然而當他所有的目的和手段，辛勤與汗水都是爲了維護一個形將腐爛的專制制度的時候，當他用農業文明去對抗工業文明，用虛妄自大的天朝朝貢體系去看待西方國家的時候，就已注定要失敗。

咸豐皇帝只活到三十歲，只留下了一個兒子。沒有兄弟就沒有權力的爭奪，毫無疑問，咸豐唯一的兒子載淳就是未來的君王，但是沒有競爭就沒有動力，如此政務就不會有大的創新，所以清朝面臨著當一天和尙撞一天鐘的境遇，毫無活力。

咸豐在位期間，內外交困，在太平天國起義如火如荼之際，英法聯軍製造各種藉口侵略中國。一方面，咸豐依靠湘軍，抑制住了太平天國起義進一步的擴張，對於英法聯軍，他也派兵抵抗了，但因爲國力有限，仍以失敗告終，簽訂了喪權辱國的《北京條約》。

咸豐皇帝是一個瀆職皇帝，主要是因爲他的決斷錯誤：沒有下詔決戰。咸豐帝沒有作戰決心，也沒有周密部署。起初，英軍一萬八千餘人，法軍七千餘人，陸續開赴中國。咸豐帝沒有發佈詔書，動員軍民，積極抵抗；也沒有派軍隊守住天津塘沽海口，卻在圓明園慶祝他的三十壽辰，在正大光明殿接受百官朝賀，並在同樂園連演四

天慶壽大戲。

咸豐是一個膽小怕事、沒有膽略的皇帝。正值咸豐帝三十大壽，咸豐帝與眾大臣們沉醉在聽戲的歡樂當中時，英法聯軍卻加緊了軍事進攻。咸豐沒有身守社稷，釀成了歷史性的大錯。面對英法聯軍六千餘人犯八里橋，咸豐沒有動員兵民「勤王」，全力守衛京師，而是準備逃跑。

咸豐十一年八月二十一日，咸豐帝病危，召御前大臣怡親王載垣、協辦大學士戶部尚書肅順及軍機大臣穆蔭、匡源、杜翰、焦祐瀛代寫聖旨。毫無疑問，載淳成了皇太子，而上面提到的幾個大臣負責協助小皇帝處理政務。載淳親媽那拉氏和鈕祜祿氏尊為皇太后。第二天，咸豐帝去世，六歲的載淳即位，年號祺祥。

史學界公認咸豐死於肺結核。史書記載咸豐帝體態消瘦，面色蒼白，撕心裂肺的咳嗽，痰中帶血，這就是肺結核的症狀。肺結核也是一種慢性病，調理得好可以延長壽命，但咸豐帝明知道自己有病，還依然放縱聲色，甚至不顧肺結核病人不能飲酒的禁忌，經常喝得大醉，喝醉了酒又哭又鬧，可見他的壓力多大。

＊微歷史大事記＊

道光十一年（一八三一年）六月，愛新覺羅・奕詝生於北京圓明園，即清文宗，通稱為咸豐帝。他是道光帝的第四子，母親是孝全成皇后鈕祜祿氏。

咸豐元年（一八五一年）二月，太平軍攻克南京，定為都城，改稱天京。八月選安徽徽寧池太道惠徵之女葉赫那拉・玉蘭（即後來的慈禧太后）入宮，封為蘭貴人。

咸豐三年（一八五三年）一月，在籍侍郎曾國藩幫辦湖南團練，此為湘軍之始。

咸豐四年（一八五四年）正月，撥內庫銀三十萬兩解赴勝保軍營，以對抗太平軍。

咸豐六年（一八五六年）二月，西林教案發生。八月，太平軍發生內訌，韋昌輝殺楊秀清等。九月，英國製造亞羅船號事件，進攻廣州，挑起第二次鴉片戰爭。

咸豐七年（一八五七年）六月，簽訂《天津條約》。十一月，英、法軍攻入廣州。

咸豐八年（一八五八年）四月，英法聯軍攻佔天津大沽炮臺。

咸豐十年（一八六〇年）三月，清軍包圍安慶，太平軍展開安慶保衛戰。八月，英法聯軍入京，火燒圓明園。九月，恭親王奕訢簽訂《北京條約》。

咸豐十一年（一八六一年）七月，咸豐帝逝。十一月，兩宮皇太后垂簾聽政。

第十章

清穆宗同治帝時期

女人當家下的短命皇帝

女人天下

咸豐死後，慈禧太后馬上跳出來了，她勾結奕訢發動了北京政變，肅順、端華和載垣被捕，兩宮太后垂簾聽政，改年號為同治。新皇剛剛即位，政局不穩，加上國力有限，清政府不得不利用湘軍並借列強之師助剿太平軍，於同治三年將太平天國運動鎮壓了下去。接著，李鴻章率淮軍於同治七年將捻軍也鎮壓了下去。

同治皇帝生於咸豐六年，即位時五歲，按咸豐帝詔命，由肅順等八大臣輔政。肅順是皇室親屬，鄭親王端華的弟弟，道光時是散秩大臣。咸豐即位後，肅順當過護軍統領、授御前侍衛、左都御史、理藩院尚書、都統，後又當上了御前大臣、內務府大臣、戶部尚書等高官，可謂是官運亨通。肅順和他哥鄭親王端華及怡親王載垣互相依靠，利用權勢步步緊逼，最終獨攬大權。

肅順等準備以「祺祥」作為幼君的年號，卻沒想到慈禧太后聯合恭親王奕訢發動政變，逮治了肅順等八大臣。政變之後，慈安與慈禧垂簾聽政，並取消「祺祥」年號，改用「同治」，隱含兩宮太后與眾大臣共理朝政之意。

咸豐皇帝以為自己的臨終托孤非常圓滿，實際上他錯了。咸豐帝臨終前確立了以肅順爲首的「八大臣」托孤體制，這個出於咸豐皇帝對權力制衡的考慮，卻由此掀起了統治階層的巨大波瀾，肅順、慈禧、奕訢三方糾結，明爭暗鬥。咸豐皇帝萬萬想不到，他自以爲周全的考慮卻引發了一場政變，不僅使國家的權力運行機制發生逆轉，更改變了近代中國的命運。

咸豐帝死後，皇子載淳即位，負責軍務的八大臣企圖專權。這還了得！「權力控」的慈禧絕不容許此類事件發生，於是就聯合小叔恭親王奕訢，利用咸豐的靈柩回宮的機會，發動了辛酉政變，順利把權力轉接到以慈禧爲首的勢力集團手中。可想而知，敗者爲寇，八大臣下場不會好。

同治帝讀書不用功，倒是個可愛的孩子。同治帝十六歲那年，慈禧抽查了同治的功課，同治不僅把經文背得結結巴巴，寫的文章也是漏洞百出。慈禧嚴厲地責備了帝師李鴻藻。在一次教課當中，頑皮的同治氣得李鴻藻掉下了眼淚。同治靈機一動，馬上把課本上的「君子不器」用手捂住一截說：「師傅，您看。」李鴻藻一看，居然是「君子不哭」，遂破涕爲笑。

辛酉政變以後，奕訢被封爲議政王，兩宮太后地位不斷攀升，清廷成了女人的天下。慈禧掌權後整頓吏治，重用漢人，重點提拔了李鴻章、左宗棠、張之洞等表現較爲突出的漢人，以籠絡漢人來維護自己的統治。在一定程度上，慈禧的政治策略使清政府這座破船在風雨飄搖的大海上安然地度過了一些時日。

清末，慈禧專權，國家衰亡，西方列強想乘機侵犯。派人送來一摺，上寫一聯，實際是一道戰表。摺上寫道：「騎奇馬，張長弓，琴瑟琵琶八大王，王王在上，單戈作戰。」滿朝文武面面相視，皆不能對。這時張之洞思索片刻，提筆在手，伏案而成一聯：「襲龍衣，僞爲人，魑魅魍魎四小鬼，鬼鬼在旁，合手即拿。」

同治十三年，同治帝死了。據說這時候皇后阿魯特氏已經懷孕了，幾天幾夜痛哭不思飲食。丈夫死了，跟婆婆關係又不好，以後的日子肯定很難過，於是她吞金自殺，但後來被救活了。之後她還是哭，最終同治死了七十四天之後，小皇后也暴崩了。

同治皇帝死後，慈禧立了與同治帝同輩的載湉爲皇帝，而光緒帝載湉的生母就是慈禧的親妹妹，同治與光緒既是叔伯弟兄又是兩姨弟兄，關係甚是怪異。如此阿魯特氏在宮中就成了新皇帝的皇嫂，地位尷尬，既然活著要成爲別人的砝碼，還是隨同治皇帝一起吧。

同治死後，光緒即位，慈禧的地位得到了進一步的穩固，便越來越不把慈安放在眼裏。到了光緒七年，慈安太后忽然死去，人們紛紛懷疑這件事是慈禧幹的。盛傳，慈安手裏有一份咸豐留下來的密詔，授予她生殺大權，足以要慈禧的命。慈禧害怕對

自己不利，就先發制人，對她下了毒手。

崇綺在女兒阿魯特氏死後不久，就被免去吏部侍郎的官職，外放出京，屢遭貶謫。光緒十年，因朝中缺人，才回到京城，任戶部尚書。女兒的慘死讓崇綺受到很大的刺激。他從此更加小心謹慎，對允許自己回京的慈禧愈發感恩戴德。光緒十一年起，崇綺在政壇再次崛起，歷任武英殿總裁、吏部尚書、考試閱卷大臣等職。

爲同治帝選秀時，慈禧看好鳳秀，慈安看好阿魯特氏，倆人意見不一致。於是就讓同治來看一看，而同治中意那個阿魯特氏。但這讓同治他老媽慈禧很不高興。最後，胳膊還是扭不過大腿去，慈禧是個強勢的女人，同治只能聽她的。鳳秀作皇后，阿魯特氏作慧妃，同時娶的還有幾個妃和嬪。

慈禧太后反對阿魯特氏的原因，是她迷信，認爲阿魯特氏屬虎，做兒媳婦肯定不利於自己這個屬羊的婆婆。當然這個原因應該不是主要原因。阿魯特氏在慈禧太后面前大大失分的原因，跟她的家世和她本人的脾性有更大的關係。

同治帝爲慈禧所出，世皆知之。其實，關於同治帝的親媽，還是有爭議的。「或謂，實文宗（咸豐帝）後宮某氏產，時孝欽無子乃育之，潛使人鴆其母，而語文宗已產子月餘矣。文宗聞之大喜，因命名曰載淳，封孝欽爲貴妃。」即是說，同治帝載淳是後宮某氏產，那拉氏奪其子，並鴆其母，然後謊報咸豐帝，她產子已經一個多月了。

有人說，那拉氏生了個女兒，為此寵監大總管安德海，勾結老太監汪昌，買通盲人穩婆劉姥姥，從宮外偷偷換了個男孩，即是同治帝。這一行徑是安德海一手導演的，既瞞過了咸豐帝，也瞞過了那拉氏。後來，同治拘押了穩婆，直至穩婆死去，賜予厚葬。

慈禧一輩子工於心計，卻也活到了七十四歲，這在當時是很不容易的。她從不去吃什麼仙丹，而是服用真正的保健品。據史料記載，慈禧晚年經常飲用一種由同仁堂泡製的如意長生酒，此酒除風祛濕、化食止渴、疏通血脈、強筋壯骨。

盛傳榮祿是慈禧的初戀情人。最早放出這個風聲的是德齡女士。德齡是十九世紀初的新派人物，在慈禧晚年經常入宮，知道些內幕，後來用英文寫了本回憶錄，裏面大肆渲染太后和榮祿的初戀關係。

榮祿後來乾脆與慈禧攀上了親戚。榮祿的女兒瓜爾佳氏被慈禧收為養女。慈禧親自給這位養女張羅了婚姻大事，把她許給光緒的親弟弟載灃。瓜爾佳氏的長子溥儀後來成了光緒的繼子。如此可見榮祿和慈禧的關係非同一般。

一個女人當家本就不容易，更何況是這麼大一個家底的中國，慈禧縱然有很強的

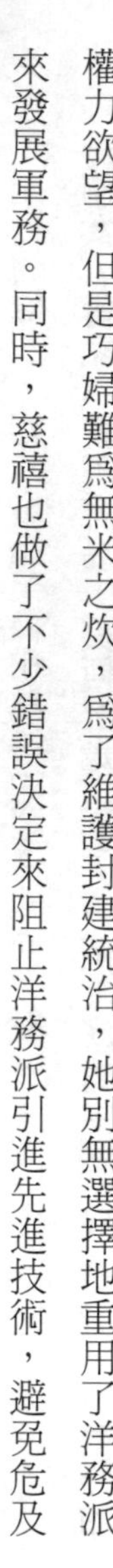

權力欲望，但是巧婦難爲無米之炊，爲了維護封建統治，她別無選擇地重用了洋務派來發展軍務。同時，慈禧也做了不少錯誤決定來阻止洋務派引進先進技術，避免危及自己的統治。

慈禧是個陰狠的角色，她憑藉政治家的手腕讓曾國藩的湘軍、李鴻章的淮軍心甘情願地爲她效力，成爲她掌控政權的有力棋子。用漢人軍隊鎭壓漢人，讓人民自相殘殺，在鎭壓了太平天國、捻軍以及回民和苗民起義後，百姓死傷慘重，屍橫遍野。

八國聯軍侵華，慈禧帶著光緒，在兩千餘名士兵的護衛下倉皇出逃。奕劻、李鴻章留在京城收拾爛攤子，與列強進行談判。慈禧還把責任都推給了義和團，認爲是他們挑起的事。爲了給列強出氣，她即刻下令嚴厲剿滅義和團，清政府真是六月的天，臉說變就變。

清政府與外國列強簽訂協定，自然要大當家的點頭才敢應允，李鴻章把和洋人談判結果告知慈禧，沒想到慈禧大爲高興，下詔「量中華之物力，結與國之歡心」。爲儘快達成協議，慈禧要求列強的一切要求全部應允，《辛丑合約》就在這樣的情況下簽訂了。

慈禧撤簾後，就想到去宮外休養享受，想到當年圓明園中的美景，她就向同治提起心中構想。即使母子不和，但畢竟是自己老媽，哪有不盡心之理，於是同治下令重整圓明園。可是花銷從哪裡來？虧大臣們想得出來，上至王公下到大臣量力而行，紛紛向太后表示自己的衷心，向皇帝意思一下。

大內高手——安德海、李蓮英

安德海是個老資格太監，比慈禧更早入宮。野史上說，慈禧當年能受到咸豐的寵愛，安德海出過大力。安德海生得一表人才，腦子也很活絡，還有些歪才，慈禧掌權後就更喜歡他了。安德海也把自己看作慈禧的人，結果給自己招來了殺身之禍。

李蓮英與安德海差不多同時入宮，但直到安德海死後，李蓮英才受到慈禧的重視，最初他受賞識是因爲會梳頭。李蓮英陪伴慈禧直到她臨終，是太后晚年的貼心人。李蓮英顯然吸取了安德海的教訓，雖得寵但絕不張揚，知道對下屬要加以籠絡。他的結局比安德海好得多，晚年出宮後靠著多年積攢的財富，生活上算是衣食無憂。

甲午軍魂——鄧世昌

鄧世昌上學的時候是個高材生。一八六八年，鄧世昌懷著救國的志願，以各門課

程考核皆優的成績入福州船政學堂學習航海，成爲該學堂駕駛班第一屆畢業生。畢業後，鄧世昌於一八七一年被派到「建威」練船，隨船巡歷南洋各島，一八七四年被任命爲「琛海」兵船大副，以後歷任「海東雲艦」、「振威艦」、「飛霆艦」等兵船管帶，可謂盡心盡力。

鄧世昌在官場上走得簡直是一路綠燈。一八八七年春，鄧世昌帶領考察團到英國接收清政府向英、德訂造的「致遠」、「靖遠」、「經遠」、「來遠」四艘巡洋艦，年底回國。回國路上，鄧世昌沿途安排艦隊操演練習。因接艦有功，鄧世昌被升副將，獲加總兵銜，任「致遠」艦管帶。一八八八年，鄧世昌以總兵記名簡放，並加提督銜。

Q 洋派主力——張之洞

張之洞從小讀書用功，聰明伶俐，勤奮好學，受儒家思想的影響很大。張之洞先後師從好幾位老師，其中丁誦先、韓超兩位老師給他的影響較大。咸豐二年，張之洞應順天鄉試，中試第一名。同治三年張之洞參加會試、殿試，中一甲第三名，授翰林院編修。

張之洞任湖北學政時，整頓學風，建立經心書院，提拔獎勵有真才實學的人，很受眾人尊重。他任四川學政時，在成都建立尊經書院，請來當時許多名師教學，分科講授，仿照廣州學海堂的例規，手訂教學大綱，以教導士子應讀什麼書，應怎樣做學問以及修養品德等。

晚清四大名臣之一——左宗棠

同治二年春，左宗棠率軍佔領金華、衢州等地。三月，被提升爲閩浙總督，仍兼浙江巡撫。第二年，他又率部下攻佔杭州。整個浙江都是他的地盤了，加官進爵肯定也是遲早的事。戰事結束後，左宗棠奉命節制閩粵贛三省軍事。他帶軍進入廣州，進攻太平軍餘部。大約半年後，他順利剿滅太平軍殘餘，凱旋而歸。

同治五年五月，左宗棠建議清廷購買機器，雇用洋匠，試造輪船，並且開始和沈葆禎等籌辦福建船政局。九月，左宗棠擔任陝西總督，開始鎮壓西北回民起義。當時捻軍和回族的犯亂勾結，左宗棠作爲欽差大臣，督辦陝甘軍務。同治六年六月，其開始在中國版圖的大西北大展軍事才華。

同治七年十月，左宗棠率部隊抵達西安，次年夏天擊敗了陝西回民軍後開始進軍甘肅。同治九年十一年初，攻破回民軍重要據點夏金積堡，被賞一等騎都尉世職。同治十一年六月攻破河州，同治十二年先後擊滅西寧、肅州回民軍。由於表現出色，左宗棠被任命爲陝甘總督加大學士。

左宗棠在鎮壓陝甘回民起義後，率軍西征，來收復被外民族侵佔的新疆天山南北的失地。同治四年阿古柏率軍侵入新疆南部，不久在南疆建立了「哲德沙爾汗國」。同治十年，沙俄乘機派兵佔領伊犁地區。不久，日本又侵略臺灣。當時的清廷內部發生了是先處理海上戰事還是內陸邊塞事務的爭論。

左宗棠的政治才能卓著。他調遣整頓軍隊，策劃糧草及路線，任用老湘軍統領劉錦棠來總體商議進疆具體事務，最後確定了先易後難的策略：首先平定阿古柏匪幫，再收復伊犁，「先北後南」、「緩進急戰」。光緒二年二月，左宗棠轉移師部到肅州，就近指揮新疆戰事以期待戰戰創捷。

光緒元年六月二十一日，西征軍夜襲黃田，開始收復新疆之戰。首戰創捷，繼而攻克烏魯木齊。九月，收復瑪納斯，北疆平定。次年三月，揮師南下，先後攻克達阪、吐魯番、托克遜、喀喇沙爾、拜城、喀什噶爾等城。至光緒三年十二月初二日肅清和田之戰，戰爭取得完全勝利，順利收復南北疆大部分地區。

光緒六年春，左宗棠設定出三路：東路以伊犁將軍金順負責，嚴密拒守精河一帶，用來阻止俄軍向東侵犯；西路讓湘軍統領劉錦棠負責，從烏什路過，直到伊犁；中路以嵩武軍統領張曜負責，出阿克蘇，再沿特克斯河，最後順利取下伊犁。

左宗棠於光緒元年四月十八日，出關西征，以示與沙俄決一死戰的決心。那時的將士唱著歌，願以後都不會因爲出塞而感覺困苦。抵達哈密不久，左宗棠突然接到聖旨，要立刻回京，於是，他保薦劉錦棠繼續留任督辦新疆軍務。第二年正月，曾紀澤談判後，簽署《中俄改訂條約》收回了一些權益。

左宗棠非常有政治才能，他不管在何處當官，都能當得很出色，很有政績。左宗棠在新疆時，注重新疆的長久可持續發展建設，興修水利、修建道路、開墾農田、種植綠樹，同時還建議清政府在新疆建省，來加強祖國統一，鞏固西北邊防。他在甘肅時，還組織創辦甘肅織呢總局、蘭州火藥局等，對當地發展有很大好處。

回民起義被鎮壓後，新疆問題擺在了統治者的面前。朝野上下出現了兩種聲音，以李鴻章爲代表的聲音要求擴大對北洋艦隊的扶持力度，聯俄抗日；而左宗棠爲維護湘軍地盤，主張出兵收復新疆。在國內輿論支持下，清朝爲了維護「天朝尊嚴」，採取左宗棠的主張，決定出兵收復新疆。

一八七五年五月三日，清廷任命左宗棠爲欽差來督辦新疆事務。第二年，左宗棠率部隊進入新疆，採取「先北後南」、「緩進速戰」的戰略，相繼收復天山北路、南

路，幾乎全數剿滅了阿古柏勢利，迫使阿古柏自殺，同時乘勝收復伊犁。左宗棠收復新疆的勝利，沉重地打擊了俄英的侵略勢力。

亂世英雄——劉銘傳

十九世紀五〇年代，由於清政府腐敗無能，百姓怨聲載道，太平軍、捻軍起義席捲全國，清朝的地方政權隨之土崩瓦解。亂世就是英雄的搖籃，劉銘傳加入過當地販賣私鹽的集團，幹起打家劫舍的勾當。一八五六年八月，他叫上幾百名貧苦群眾，當上武裝頭目，之後沒多久就成爲這一帶對付太平軍和捻軍的一股團練武裝。

一八五九年九月一日，太平軍一部攻打合肥的長城鎮、官亭，劉銘傳奉命率部「協剿」，後將太平軍擊退。事後，他被安徽巡撫福濟褒獎爲千總，賞五品頂戴。一八六一年十一月，李鴻章在合肥招募勇丁，以編練淮軍，劉銘傳自是不能少，他帶上弟兄五百多人一起隨軍出發。

雖然劉銘傳並不能通過讀書科舉來接觸清朝的政權中心，但朦朧的愛國情懷讓他對被人壓迫的感覺深表不安。他買了許多西方書籍和報刊的中譯本仔細閱讀，還經常往來於上海、南京，結交洋務派人士和改良主義知識分子，共同探討對時局的感慨，思慮中國的將來。

一八八〇年，沙俄霸佔伊犁，並對中國進行武力威脅，清廷就召見劉銘傳來京徵詢處理時局的對策，並準備在緊急情況下授予他官職，派他統兵作戰。劉銘傳借這個機會，向朝廷進上自己的時局態度。可惜清政府只是看中了劉銘傳的軍事才能，這一建議未被清廷採納，劉銘傳施展抱負不得，便返歸故里「療疾」。

同治元年，劉銘傳帶領著他的弟兄加入了李鴻章的淮軍，獲得了一個特殊的稱號「銘字營」，和其他靠宗族勢力組織起來的部隊一樣。在這個集體裏，劉銘傳職位最高，輩分也最高，所以部下的敬重就格外的多了，不會出現將不受用的情況，非常好管理。

劉銘傳因爲在鎮壓太平軍的活動中表現突出，而得到了李鴻章的重用和賞識，年紀輕輕就被提升爲直隸總督，是淮軍乃至朝野名將。他的作戰方式被人稱道，後來被左宗棠重用，以協助處理捻軍和陝西回族農民起義戰事，之後厭倦沙場而告老還鄉。

劉銘傳雖在家養病，不擔任其他的職務，但卻時刻關心著國家事務，結識了許多當時先進的知識份子，開闊了自己的眼界。不久，法國遠東艦隊來到中國福建、臺灣一帶進行挑釁，清廷忙命劉銘傳出山，應付臺灣危機。

一八八三年，中法戰爭爆發。劉銘傳氣憤於列強如此欺負中國，準備遠征沙場誓

死保國，將想報國豈會無門？清廷很快就重用了他，讓他處理臺灣政事。

Q 兩廣總督葉名琛

奸詐的人總有人能治住。葉名琛在清廷混得不錯，不到四十就做了兩廣總督，但是對待英商蠻橫無理，得罪了洋人。打狗還得看主人，更別提英商背後的強大國力。後來英法聯軍攻入城中，逮捕了葉名琛。

葉名琛被英軍帶走之後被帶到了印度，讓一個懂漢語的翟理斯看守他。葉名琛閒得沒事幹，就教他經學。所以翟理斯在這一門上有些成就，翻譯了很多書。葉名琛被綁著在外國各個島嶼之間傳看，受盡屈辱，最後死了，骨灰被送回國內。朝廷赦免了他的罪，甚至有人把他當作蘇武。

話說葉名琛在印度死後，英國派人把他的骨灰遺物送回國內。他的僕人們回來後，卻胡亂說了一通：「大人到了印度後拒絕遊玩，並去見英王理論，說明挑起爭端的原因。直至所帶食物吃完，也不願用外國的食物，後來絕食而亡。臨別時還說愧對皇恩，死不瞑目。」這真是一個混淆是非！

一年出兩個進士

一家一年出兩個進士幾乎不可能，但倭仁和他叔父鐵錯就是這樣，並且這叔侄倆情同情兄弟。後來皇榜揭曉，爲人豪爽的叔父請同鄉考生一起慶賀，開倭仁玩笑說：「今天的宴會可是風流才子和一個名臣待在一起啊。」後來，倭仁的確走上了理學之路，成了有名有實的書呆子。

慈禧、慈安兩位太后經過認真比對，層層海選，任命倭仁對皇帝加以教導。倭仁以天下爲己任，對待皇帝盡心盡力，曾爲皇帝親自編書，作爲內部教材的參考資料，希望同治可以在皇權這張答卷上寫下標準答案。

同治很怕他老媽。有一次皇帝犯了錯，倭仁就去勸說。結果，同治肯定是不聽了。倭仁就說，你不怕我沒關係，有人鎮得住你。倭仁就揚言向他老媽打小報告，結果很是管用，同治乖乖地聽話了。

同治六年正月，同文館打算開個進修班，讓五品以下的官員來學習算術，聘請來自海外的洋博士教學，但卻遭到倭仁反對，他說：「沒聽說過誰精通一門技術就可以解救蒼生，況且來個洋博士，那思想開放得我們受不了怎辦？爲了不出現崇洋媚外的現象，我要把它扼殺在搖籃之中。」

總理衙門設學堂的事本來就很多人反對，加上辦學校最高的權威就是皇帝的老師，倭仁自然眾望所歸，他都極力反對，誰還擁護？後來又有人幾次請倭仁去同文館任職，可倭仁太正直，直接來個苦肉計，從馬背上摔傷，推托了一切。

有一個官員在日記中說，他在山東上任時，曾讀過倭仁的日記，認為倭仁學識淵博，思維精密，是一流人才，又見到倭仁所進呈的《帝王盛軌》、《輔弼嘉謨》二書，才知道古時候大臣培養君王道德的道理。後來進京城拜見，倭仁送客每次都送到門外，直到客人上了馬車，才返回家中，是真正在誠心待人。

倭仁做事謹慎，從不隨便推薦人才，所以門下沒幾個人。他很節儉，冬天穿的狐裘都露出了皮革，表面則是棉布。他有一個親戚是廣東澄海縣縣令，因為政績卓著來到京師，贈送給倭仁一千兩銀子，倭仁不接受，他說：「我一文錢都不接受，更何況一千兩銀子。不如拿錢去設粥棚。」那親戚很慚愧地走了。

在讓哪類人出國留學以及進入同文館學習的問題上，曾國藩和倭仁的意見出現了不一致，曾國藩覺得應該讓學識高的人去接觸新的先進的東西，但倭仁卻認為那是浪費，一技之長只能發展經濟，卻談不上救國，他覺得讓那些有才的人去學習這些國外的東西是侮辱自己、侮辱國粹。

倭仁早年主持福建的小生初考試中，認識一學生並讓其成了自己的門生。倭仁在任上死後，那個門生就如死了自己的親人一樣的悲傷，並且送上自己寫的對聯一副，說倭仁傾盡所有教導皇帝，並且即使知道槍打出頭鳥仍然力排眾議。

中興名臣——胡林翼

胡林翼是陶澍的女婿，陶澍擔任兩江總督時，胡林翼去投靠他。在秦淮畫舫的時候，有人說胡林翼不是個可靠的人，沒責任。陶澍卻說：「如果他有一天爲國家效力，一定會盡心竭力，所以允許他現在暫時行樂。」後來胡林翼任湖北巡撫，凡公事都是親力親爲，很少休息。

胡林翼的老媽生下他時，夢見五色鳥從屋後飛過，張開兩翼鳴叫，啄食林中芝草，所以給他取名胡林翼。陶澍看到他，認爲他是人才，就把女兒嫁給了他。後來他被提拔爲湖北巡撫，後與太平軍戰鬥，結果積勞成疾累死在任上，很得同僚欽佩。

胡林翼做事很注意統籌全局，而在用人和理財方面更是精密。所以他去世的時候，曾國藩哭著說：「他一顆誠心憂慮國家，小心對待朋友學生，苦心協調護持各位將領，天下還有這樣的人嗎？」

胡林翼在武昌時，對貪污的人和廉潔有才氣的人是區別對待，賞罰分明。即使在自己生病期間，他還把幕僚都叫到床前，一起探討時政問題。後來他升爲湖北巡撫，那更是自認爲高處不勝寒，更加以天下爲己任，很得同事欣賞。

Q 最早的小留學生

「萬般皆下品，唯有讀書高」，清朝的讀書人會想盡一切辦法考取功名，混個一官半職，所以有些不學無術的人會用一些歪門邪道的手段，以致清朝科場舞弊風盛行。科考將選出朝廷的棟梁，這關係到社稷的穩定和國運的興衰，因而清政府對科場舞弊者的懲罰十分嚴厲。

清政府規定，凡是臨場替考槍手、冒名頂替、挾帶小抄書籍、抄襲他人、傳紙條、不按座位號就座或者喧嘩不守規定的一經查出，立即由負責考場安全的官員帶上枷鎖在考棚外示眾。一個整天學習禮義廉恥的讀書人在眾學子面前帶枷示眾是一種非常丟人的懲罰。倘若案犯牽扯兩地，本地枷號示眾之後還要到另一地枷號示眾。

同治年間，新式學堂猶如雨後春筍一般紛紛冒出來，外語學校、實業學堂、近代軍事學校、派遣留學生等，可謂只有想不到沒有做不到。人們想通過各種途徑來救國，但都不知道效果如何，會不會是穿了漂亮衣服的空皮囊，治標不治本。

同治期間開辦的流行大學不僅設在中央，地方也分佈了不少，江南製造局附設的機械學堂、福州船政局附設的船政學堂等，都是地方上的傑出代表。這些學校不僅學習老祖宗的文化，更接觸一些洋人的東西，比如天文地理，以期可以和國際接軌。

同治十一年，朝廷挑出一批幼年時期就比較聰慧的孩子出國留學，開創了讓小孩出去學習外國文明的先河。這些孩子都有很好的適應能力，接觸外來文化的速度很快，長大後，很多成爲了崇尚自由的先進知識份子，對宣傳先進制度推翻清廷起到了很大作用。

曾國藩、李鴻章、左宗棠等在上海、南京、福州相繼辦起了近代軍工廠，特聘一些洋人作爲特約專家，負責指導工作，其實這種外聘制度早在清初康熙時期就進行過了，如今做只是在發揚祖宗優良傳統罷了。

一八六六年，奕訢奏請讓同文館擴大招生計畫，招收科舉出身的人員學習天文、數學。大學士倭仁親自出馬去勸諫慈禧，慈禧堅決反對，她認爲，讓科舉出身的人員向外國人學習天文、數學是斯文掃地。慈禧讓倭仁保舉幾名精通天文、數學的人才，並讓倭仁負責選定地方辦一個天文數學館，與同文館分館互相對抗。

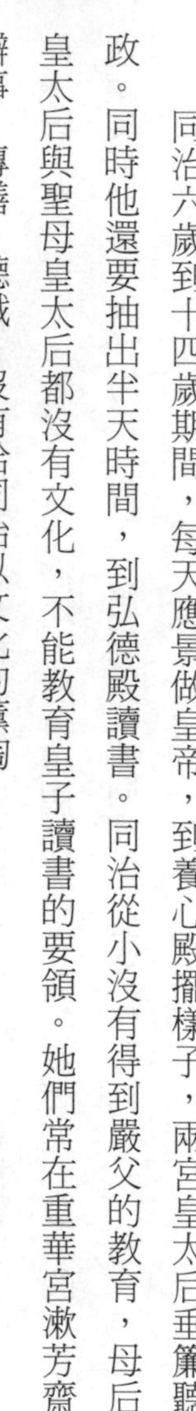

同治六歲到十四歲期間，每天應景做皇帝，到養心殿擺樣子，兩宮皇太后垂簾聽政。同時他還要抽出半天時間，到弘德殿讀書。同治從小沒有得到嚴父的教育，母后皇太后與聖母皇太后都沒有文化，不能教育皇子讀書的要領。她們常在重華宮漱芳齋辦事、傳膳、聽戲，沒有給同治以文化的薰陶。

同治貪玩，不愛讀書，「見書即怕」，不好學習，沒有長進。他的師傅教他學習看奏摺，但他「精神極散」；聽講奏摺，也極不用心。他的伴讀奕詳、奕詢，本意在陪同讀書、互相激勵、彼此切磋，實際上是代其受過，起到「殺雞儆猴」的作用。在課堂上，同治「無精神則倦，有精神則嬉笑」，實在是一個頑皮的學生。

同治的皇后阿魯特氏秀外慧中，「美而有德」，並且文采很好。皇后小時在家受到很好的教育，崇綺親自當她老師。而皇后本人又愛讀書，十行俱下，知書達理，為人勤儉持家，女工一流，是個典型的大家閨秀。她被冊為皇后，同治帝很喜愛她，也很敬重她。

但慈禧皇太后不喜歡皇后這個兒媳婦，常為難這位小皇后。慈禧不許她與同治皇帝同房，而要同治對慧妃好。同治帝不敢違抗，但也不喜歡慧妃，只好賭氣一個人住在養心殿，生活得寂寞寡歡。因為慈禧處處刁難，皇后日子過得很不舒心。到最後同治病重，皇后在旁邊伺候，還常遭到慈禧的責怪。

第十章 清穆宗同治帝時期
女人當家下的短命皇帝

同治生活放縱，同家庭關係不和諧有關。據說同治既近女色，或著微服治遊。有人給他進「小說淫詞，帝益沉迷」。他常到崇文門外的酒肆、戲館、花巷。據記載：「醇親王曾經泣諫其微服出行，同治質問從哪裡聽來的？醇親王佛然語塞。」同治又召恭親王，問微行一事是聽何人所言？答：「臣子載澂。」

同治也是個可憐的人，幼年喪父，更可憐的是，小小年紀就被放到龍座上，不能享受童真之樂。六歲的孩子，周歲才五歲，放到那座上，不能動，大臣的奏章他又不懂，真是一種莫大的痛苦和折磨。再加上有個女人當家——他老媽慈禧，這個國家真的是亂了套。如此一來，這個可憐的小皇帝不短命才怪呢！

有人說同治是死於梅毒，因爲同治曾微服出巡，想到前門外八大胡同。但是，同治又不可能到那兒，因爲那個地方太招眼，他會到崇文門裏，崇文門有幾家私院，由太監引導他去。如此，就招上病了。可憐的短命皇帝啊，就這樣死了。

同治期間先後徹底地鎮壓了太平天國起義、捻軍起義、雲南回民起義、貴州苗民起義，而對外國勢力卻是一再低頭。外國侵略勢力由於二次鴉片戰爭得到很多好處，清政府又是霜打的茄子好欺負，如此國內外局勢稍趨平和。而實際上，同治帝在此期間只是讀書，並未參與任何軍政。

有人說同治死於天花。當時宮裏掛紅簾避邪，官員穿花的衣服，講究前三後四，

就是穿七天花衣服，因爲患天花最危險的時間有七天，但是同治規定是十二天，就是穿花衣服十二天。官員們從大光明殿請痘神娘娘進了皇宮，把它供奉起來求神保佑，兩宮太后也祈求祖先來保佑同治，但是同治還沒有救過來就死了。

有人說同治死於天花加梅毒，兩個病併發，所以既有天花的症狀，長了水痘、麻點，也有梅毒的特徵，兩種病加在一起，最後不治而死。

Q 紅頂商人——胡雪巖

胡雪巖出身貧寒，卻在短短十幾年的時間裏迅速發跡，成爲當時富可敵國的鉅賈富賈。他替清朝政府向外國銀行貸款，幫助左宗棠籌備軍餉，收復新疆，他被慈禧太后賜黃袍馬褂，官封極品，被人們稱爲紅頂商人。胡雪巖曾奉老媽之命建起一座胡慶餘堂，真不二價，童叟無欺，瘟疫流行時還向百姓施藥施粥，被人們稱爲胡大善人。

胡雪巖天生聰慧、勤奮刻苦，什麼都聽，什麼都學。十四歲到杭州「信和錢莊」當學徒，於是胡雪巖常有機會親眼看見以後影響他一生的東西——銀票。

胡雪巖在當打工仔的時候，腦子就很靈活。那時候，胡雪巖還是一個小夥計，在與錢莊的人核對賬目的時候，他都不用算盤，全靠心算報賬，而且算得又快又準。錢莊的人自然很快注意到了他，稱讚這個小孩子真是不得了。這時胡雪巖又拿起算盤，「啪啪啪」一打，算得更快！這樣一來，錢莊的人對他更加刮目相看了。

胡雪巖能夠得到好機會，是因爲他幹什麼都很勤快認真。錢莊的人見胡雪巖又勤快又好學，不由跟胡雪巖的掌櫃談論起他來。掌櫃把以前的事一說，客商覺得胡雪巖不光勤快好學，而且還拾金不昧，誠實守信，於是馬上說：「我們錢莊就需要這樣的人，你願不願意把他讓給我呢？」就這樣，胡雪巖得到了一個很好的機會。

胡雪巖在十四歲那年，家中貧寒，被迫離開了學堂。在績山下的績溪邊，他給人家放了半年牛。別的放牛娃娃，都是將牛趕到山下溪邊吃草喝水，自己和夥伴在一起嬉鬧玩耍，而只有胡雪巖，仍像以往一樣，拿根柳條當筆，沙灘當紙，又寫又算，聚精會神。時間長了，小朋友們再也不找他玩了。

胡雪巖沒有發跡前，老是走狗屎運。胡家族長出門辦事歸來，路過績溪邊，老遠就看見牧童們在溪邊瘋鬧，只有小雪巖獨自一人，彎著腰在沙灘上用個棍子寫著、畫著。族長出於好奇，走過去，卻見雪岩在沙上列著一排一排的算式，旁邊石頭上擺著一本書，族長翻看封面，是一本《算經》，甚是驚訝，就給了他一封舉薦信，讓他去學習。

胡雪巖在當鋪當學徒的時候，就表現的很有心計。胡雪巖知道老媽的殷切希望，

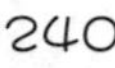

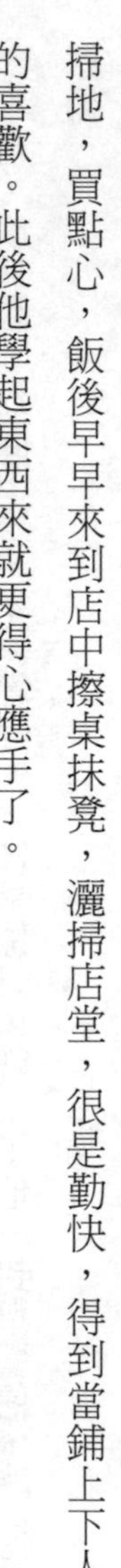

所以剛到店裏的時候什麼活都幹，每天早早起來替師傅、師兄們倒尿壺，端洗臉水，掃地，買點心，飯後早早來到店中擦桌抹凳，灑掃店堂，很是勤快，得到當鋪上下人的喜歡。此後他學起東西來就更得心應手了。

＊微歷史大事記＊

咸豐六年（一八五六年）三月，愛新覺羅．載淳生於北京紫禁城儲秀宮，清朝第十位皇帝，也是清軍入關以來第八位皇帝，年號同治。為清文宗咸豐帝長子，母為孝欽顯皇后葉赫納拉氏（後來的慈禧太后）。

咸豐十一年（一八六一年）七月，咸豐帝去世，年僅六歲的載淳登基，依照咸豐帝遺詔，由肅順等八位大臣輔政。九月兩宮太后與恭親王奕訢發動「辛酉政變」，八大臣等被恭親王奕訢與慈禧奪權。

同治元年（一八六二年），京師同文館開辦，附屬於總理各國事務衙門，初以培養翻譯人才為主，以利開展洋務運動。

同治三年（一八六四年）六月，在中外反動勢力聯合絞殺下，太平天國運動最終失敗。

同治四年（一八六五年），李鴻章在上海設立江南製造總局，此舉成為洋務派創辦新式軍事工業的開始。

同治十年（一八七一年）五月，發生天津教案。

同治十一年（一八七二年）五月，李鴻章創辦輪船招商局，此為洋務派創辦的最早的民用企業。

同治十三年（一八七四年）三月，日軍侵略臺灣。十二月，載淳逝於養心殿，年十九歲。

第十一章

清德宗光緒帝時期

向女人叫爸爸的無權皇帝

光緒，名叫愛新覺羅．載湉，是慈禧太后的外甥。年輕的同治帝死後，慈禧太后爲了繼續掌握政權，就讓當時只有四歲的光緒繼承皇位，由她再度進行「垂簾聽政」。直至光緒長到十九歲時，慈禧太后才聲稱「撤簾歸政」，但是她仍操縱實權不放。

光緒帝的父親是道光帝的第七子，「光緒」是他的年號。光，光大；緒，未竟之功業。「光緒」即「光大未竟之功業」。這個年號反映了清廷雖是腐朽不堪，但仍有重振國力的願望。可惜，真實的情況並沒有遂人願。

光緒帝是個癡情的皇帝。珍妃十三歲入宮時，光緒對她一見鍾情。光緒對珍妃是癡情一片，集萬千寵愛的珍妃自然忽視了外人的目光，不知收斂，以至不知原因的得罪了太后。光緒二十六年，八國聯軍進北京，珍妃被慈禧投入井裏，死時年僅二十五歲。

人們一般都覺得大內宮廷裏的女子個個有沉魚落雁之貌。其實，靚麗的容貌並不是得登龍庭當選秀女的主要標準。清朝選秀公開的兩條標準是品德和門第。光緒皇帝的皇后隆裕就「相貌奇醜」，但她是慈禧的侄女，因而成了皇后。

光緒皇帝所鍾愛的珍妃，也出自一個高門第的家庭。被光緒皇帝視爲紅顏知己的珍妃入選時，她的老爹是侍郎長敘，爺爺是曾任總督的裕泰，伯父是廣州將軍長善，

長善又是大學士桂良的女婿，是恭親王奕訢的連襟，因此入選。

英、法等八國聯軍攻佔北京時，慈禧太后攜光緒帝倉皇離京，逃往西安。慈禧離開北京之前，任命崇綺為留京辦事大臣。崇綺終因實力不濟，敗退到保定。洋人的殘酷殺戮讓他覺得光復失地無望，於是留下難當大任的遺書自盡身亡。崇綺的長子及其全家也繼老爹之後自殺身亡。

左宗棠是清末時期的一位愛國的忠臣。光緒九年，中法戰爭爆發，左宗棠竭力爭取誓死抗戰。第二年六月，他被調到福建處理軍政事務。他一到目的地，左宗棠就籌畫當地的長久治安，處理閩南海防，並且派兵到安南邊境，同時還關注臺灣的領土收復，即使生病也沒有任何的鬆懈，一直堅持到底。

一個女人靠什麼統治大清四十八年？慈禧太后並非腹中無書，處於當時那種險惡政治鬥爭環境中，在一群擁有智謀的男人中間斡旋，並且要操縱這些全中國混得最好的精英們，沒有手腕幾乎不能生存，更別說當這麼大的集團的總裁了。

作為畫家，慈禧還算不得專業畫家，她更像個業餘的愛好者。如果她可以全身心地學習繪畫，肯定會名列一流。她下筆有力乾淨俐落，她對藝術有著很高的鑒賞能力，可惜沒有人替她分擔軍國大事，讓她自由地去發揮自己的藝術才華。

據說滿清宮中挖有地道，裏面有室有戶有床有凳有椅有燈，如遇到緊急情況，皇帝往往會帶領眾多嬪妃和皇子躲進地道。地道外面則有一個最忠實的太監，給裏面的人報平安。光緒末年，仇滿排滿之風日盛，宮中疑懼不已，當時慈禧太后就帶著光緒帝和后妃躲進地道好幾天。

慈禧太后很「臭美」。化妝品一大堆的慈禧總是先梳頭後洗臉，如果太監梳得不合適，她就會像個小姑娘一樣大驚小怪地指出來。她有幾十種瓶瓶罐罐，裝滿了各種香水和香粉以及很多香皂。洗完臉，慈禧會先拿一塊軟毛巾輕輕擦乾，然後再灑上用蜂蜜和花瓣製成的花露水，撲上一種粉紅色香粉，甚是仔細。

慈禧爲什麼很痛恨光緒？因爲光緒帝不是很聽話，一心想自有作爲，不甘心受慈禧指使，後來又弄維新，企圖改變太后的統治。而慈禧，只是想找一個傀儡皇帝，讓國事由自己做主。兩者在利益和政權上起了衝突，慈禧怎能不恨？其實光緒小時候剛進宮時，慈禧是很愛他的，生病時，慈禧曾整夜不睡爲他擦拭、餵藥。只可惜，兒大不由娘，何況只是過繼的兒子。

光緒二十年十月初十，是慈禧的六十歲生日，她準備在頤和園大規模地進行慶祝。正當那時中日戰爭爆發，軍隊需要大批銀兩來維持戰爭，可是慈禧卻爲了自己生日挪用軍款，天大的事都要爲太后祝壽讓步，可想而知，慈禧過得那個氣派的生日是

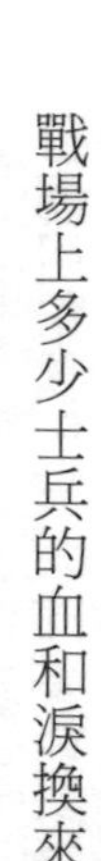

戰場上多少士兵的血和淚換來的！

慈禧太后六十大壽那一年，有一個考生也跟著沾了光。光緒年間，有個考生名叫王壽彭，參加殿試的時候成績一般，但最後被點為狀元。原來，當時正值慈禧的六十大壽，主考官覺得如果狀元的名字帶「壽」字，老佛爺豈不是會很高興？王壽彭因此得中。

名字起的很合時宜，也是很沾光的。光緒三十年，最後一科的狀元劉春霖殿試的時候，皇帝見他名字叫「春霖」，非常喜歡。原來，這兩年大旱成災，皇上一籌莫展，現在見到這麼好的名字，怎能不大筆一揮，欽點為狀元？

國難當頭，什麼事都不再是事了，有人提出停止頤和園工程，將修園款移作軍費時，慈禧非常生氣，她說：「今天誰讓我不高興，我就要他一輩子不高興。」後來，清軍在朝鮮戰場上接連失利。為了不影響自己的六旬慶典，慈禧支持李鴻章避戰求和的方針，但後來，她不得不改變原來的計畫，可仍在宮中舉行慶典。

慈禧可不是那招安的主兒，對待義和團，她是恨之入骨，恨不得扒他們皮喝他們血，但是歷史並不是她能控制的，義和團的發展猶如星星之火，已經燒到了天津，一場小風就可以把它刮到北京，而使館人員肆意的炮殺義和團和中國居民，加劇了矛盾，清廷不得不用「軟化劑」，招安了義和團。

慈禧打著光緒的旗號發佈了向各國宣戰的詔書。但是，似乎有人做決定就有人反對，慈禧的決定，遭到了劉坤一、張之洞等地方督撫的反對。不要小看螻蟻之力，千里之堤潰於蟻穴，地方聯名力主剿團乞和，並積極活動，與列強訂立條約，實行「東南互保」。慈禧的決心就這麼動搖了。

慈禧太后和光緒在政治上產生了衝突。慈禧太后代表保守派握有實權，光緒在維新派康有爲、梁啓超、譚嗣同的推動下，一則想利用維新派來獲得軍政實權，二則也想通過維新運動來改革吏治，挽救清王朝的腐敗統治，因而於光緒二十四年推行了維新變法，歷史上稱之爲「戊戌變法」。

變法失敗後，光緒被囚禁起來。囚禁光緒的地方主要有兩處：一是玉瀾堂，二是中南海的瀛台。光緒被關了整整十年，西元一九〇八年，慈禧太后死的前一天，她狠毒地將光緒害死在瀛台。是時，光緒年僅三十八歲，死後葬於清西陵的崇陵，廟號德宗。

慈禧太后作主立自己的外甥載湉即位，遭到大臣的反對，御史吳可讀竟以「屍諫」明志，他先吞食了生鴉片，再對慈禧作出勸諫：「你立載湉爲王，你得以聽政而已。我心知你定會以酷刑來折磨我，但我已吞食了生鴉片，馬上就要死了。我臨死前也跟你說個明白，你立載湉爲帝是爲天下人所共恨！」

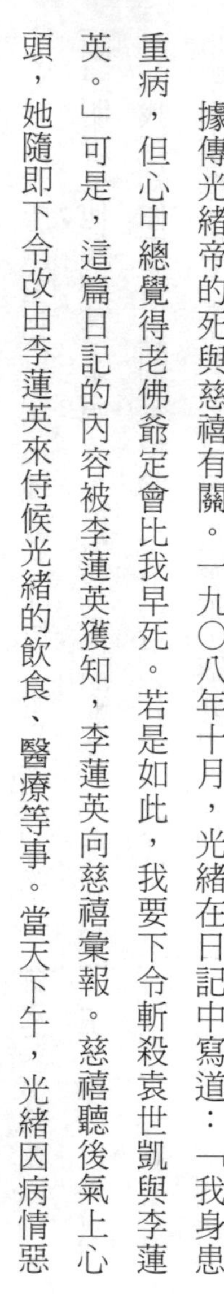

據傳光緒帝的死與慈禧有關。一九〇八年十月，光緒在日記中寫道：「我身患重病，但心中總覺得老佛爺定會比我早死。若是如此，我要下令斬殺袁世凱與李蓮英。」可是，這篇日記的內容被李蓮英獲知，李蓮英向慈禧彙報。慈禧聽後氣上心頭，她隨即下令改由李蓮英來侍候光緒的飲食、醫療等事。當天下午，光緒因病情惡化而去世。

慈禧太后又稱「西太后」、「那拉太后」、「老佛爺」，死後上諡號爲「孝欽慈禧端佑康頤昭豫莊誠壽恭欽獻崇熙配天興聖顯皇后」總共二十五字，是有史以來皇后死後哀榮之最。

慈禧怎麼死的？慈禧應該是在光緒皇帝死之前就得病了，而且病得很重。有一種說法是慈禧怕光緒皇帝在她死後掌權，所以害死了光緒皇帝，在光緒死的第二天，慈禧便扶持宣統皇帝即位，而後自己就死了，所以估計她是病死的。

光緒三十四年十月，慈禧太后和光緒同時生了重病。在光緒皇帝臨死前一天，慈禧太后也行將不起。由於光緒皇帝無後，慈禧太后便與眾大臣商量立儲人選，軍機大臣認爲內憂外患之際，當立年長之人。慈禧太后聽後勃然大怒，最後議定，立三歲的溥儀爲帝，並讓溥儀的親生老爹載灃監國。

慈禧太后死後，葬入清東陵普陀峪定東陵。她的陪葬品之奢華早已聞名於世。西元一九二八年七月，孫殿英「慕名而來」，率部炸開了慈禧的陵墓，盜走了其中的大量珍寶。

有一種說法是光緒帝死於李蓮英之手，因爲這位大太監怕光緒帝復起後報復。但據更多的記載來看，李蓮英很圓滑會做人，早給自己留下了退路，雖然迎合慈禧，卻也時時向光緒帝示好。慈禧太后因此漸漸寵信另一個大太監崔玉貴。珍妃投井時向李蓮英呼救，就表現了他對光緒的示好態度。

「女人不可預聞國政」是慈禧太后的臨終遺言，令世人震驚，也給歷史留下了一團迷霧。人們一直不明白這樣一個鐵血女人，這樣一個有效控制大清王朝長達半個世紀的鐵腕太后，何以最後留下這樣的遺言？是什麼導致她寫下這樣的遺言，她的統治是因爲自己的權力欲望還是有不可告人的苦衷？

皇室婆媳問題

珍妃和慈禧的婆媳關係不好。有一次，光緒一時高興，賞給珍妃坐八人抬的大轎，被慈禧碰到了。慈禧不僅把珍妃痛斥了一番，還爲了警告珍妃，把轎子給毀了。這件事本由光緒起，所以光緒得知後也很尷尬。當隆裕爲此事在光緒面前說起珍妃的

不是時，光緒不由得大爲惱怒，把怨氣全撒到了隆裕的頭上，甚至動手打了隆裕。

慈禧不喜歡珍妃這個媳婦，常常找機會整治珍妃。光緒用庫存的珍珠和翡翠做成了一件珠光寶氣的旗袍，偷偷送給了珍妃。不想珍妃穿著與光緒在御花園裏散步時，竟然被慈禧撞見了。慈禧大爲生氣，因爲珍妃的等級，是無論如何也不能穿如此珍貴的服裝的。慈禧不僅讓太監脫掉了珍妃的這件外套，還杖責了珍妃三十下，慈禧就是要借此給珍妃點顏色看。

一個叫耿九的人，希望謀取粵海道官職，還有一個叫寶善的人，希望出錢免罪，於是他們向與珍妃較爲親近的兩個太監行賄，指望疏通珍妃之後，她能找機會在光緒面前美言自己幾句。珍妃畢竟太年輕，做了一生中最愚蠢的事情：答應替他人跑官，結果得罪了以慈禧爲首的利益集團。

Q 老佛爺與乾爸爸

清朝帝王之所以用「老佛爺」這個稱呼，是因爲滿族的祖先——女真族首領最早被稱爲「滿柱」。「滿柱」是佛號「曼殊」的轉音，意爲「佛爺」、「吉祥」。後來，有的顯赫家族，世襲首領，起名就叫「滿柱」。滿清建國後，將「滿柱」漢譯爲

「佛爺」，並把它作爲皇帝的特稱。「老佛爺」的稱呼並不是慈禧專用的，清朝各代皇帝的特稱都叫老佛爺。

光緒爲什麼要叫慈禧「親爸爸」？慈禧實行了同治、光緒兩朝的「垂簾聽政」，實際處於太上皇的至高地位，所以慈禧喜歡光緒以男性的稱呼來叫她，以顯示她的尊貴、威嚴與親熱，所以歷史上才會出現這種不尋常的叫法。

慈禧也是個自戀狂。八國聯軍侵華以後，慈禧太后對西方國家的重視程度大大加深。有些人建議讓西方國家通過她的畫像來認識她，從而改變外界對她的看法。慈禧認爲肖像畫遠不如相片真實，所以就向各國駐京公使和各國領袖送去了自己的照片。美國使館也得到兩張照片，其中一張送給了羅斯福總統。

太監行裏的狀元

慈禧太后專政時期的總管小德張，未出宮前就討過一房妻子，又納過兩個妾。隆裕太后死後，沒了靠山的小德張離開清宮，買了一名爲張小仙的女子爲妻。此時的小德張早已家資巨萬，他在河北省靜海縣置地十餘頃，在南苑置地二十頃，在天津英租界置樓房十二座。

慈禧太后專政時期的總管李蓮英，坐擁著萬貫的財寶，萬頃的良田，多處的房產，娶了多名妻妾，但卻極爲低調。李蓮英曾給隆裕太后貢獻過珠寶玉器八方盤，他的義子義女更是大獲其利！雖說有個太監爹不太能裝臉面，可行行出狀元，人家的爹可是太監行裏的狀元！

太監也有慷慨國事、大義凜然的。光緒二十二年，儲秀宮慈禧太后身邊年僅二十歲的小太監寇連材因甲午戰敗，國勢日危而上書慈禧太后，死諫國事，隨即以「犯法干政」的罪名押赴菜市口斬首示眾。維新派領袖梁啓超在《戊戌政變記》一文中，曾爲寇連材立傳，稱讚他是「烈宦」，把他歸到維新志士的行列之中。

Q 袁來有一套

一八五九年九月十六日，袁世凱生於河南省項城市王明口鎭袁寨村一個世代官宦的家族，父祖多爲地方名流。袁家在清道光年間開始興盛，袁世凱的叔祖父袁甲三曾署理漕運總督，是淮軍重要將領，對袁世凱有深刻影響，對袁世凱走上軍政道路起到重要作用。

袁世凱自幼過繼給袁保慶做繼子，少年時隨繼父先後到濟南、南京等地讀書。袁保慶死後，又隨戶部侍郎袁保恒到北京就讀，求學之路可謂走得辛苦。兩次中考落地的他覺得自己可能天生就不適宜從文，毅然到山東投靠自己的拜把兄弟，走上了軍旅生涯。

袁世凱六歲時，養父袁保慶替他找了個啓蒙老師袁執中教他四書五經。但是調皮的袁世凱似乎對於這些東西並沒有興趣，只是苦於老爹逼迫而學習。後來他隨老爹到了南京，認識一習武老師，學了一些簡單的拳法，袁世凱還特別喜歡兵法，立志長大要做一個萬人敵。

光緒二年秋，袁世凱與一個姓于的女人結婚，那時他才十七歲。後來他回到北京，一邊讀書，一邊去叔父那裏幫忙辦事，學得不少官場本領。兩位堂叔誇獎他「辦事機敏」，是「中上美材」。當時華北大旱，叔父奉命要去黃河一帶，就帶著袁世凱一同前去了。

袁世凱並非人們想像的「大老粗」。袁世凱在洹上的那段時間，兄長袁世廉也恰好身體虛弱解職在家。袁世廉下身有較嚴重的半身不遂，袁世凱整天陪著袁世廉，扶杖漫步，下棋聊天；或者和妻妾子女共用天倫之樂；或者與幾個文人騷客吟詩鬥酒，聽戲，風花雪月……在洹上，袁世凱寫了不少詩。

一八七八年，袁保恒感染時疫去世，袁世凱返回項城，移住陳州。此時，正在

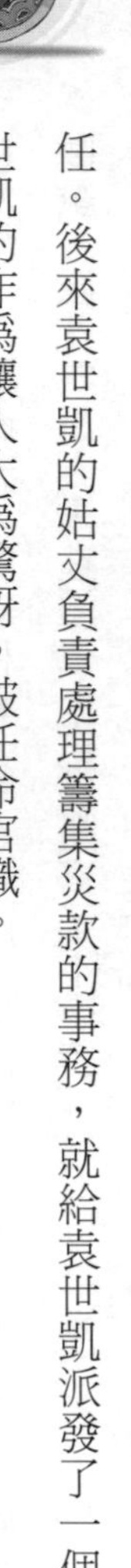

陳州授館的徐世昌與袁世凱結交，成了拜把兄弟，畢生爲袁世凱辦事，深得袁世凱信任。後來袁世凱的姑丈負責處理籌集災款的事務，就給袁世凱派發了一個地方，而袁世凱的作爲讓人大爲驚訝，被任命官職。

袁世凱所走的道路，並不是只是受他的性格或者是接觸的朋友的影響，更是由社會環境造就的。當時正是洋務運動風起雲湧之時，作爲年輕人自有熱血沸騰的時候，而中考失意讓他厭倦了唸書這條路，他個人又很欽佩李鴻章，希望可以投靠李鴻章的淮軍。

吳長慶和袁保慶關係特別的鐵。袁保慶在南京時，認識吳長慶，兩人相見恨晚，成了莫逆之交，所以袁保慶死時，吳長慶親自渡江前來慰問，料理他的後事，後來，袁世凱來到南京後，吳長慶更是特別相信，照顧有加，在袁世凱政治生涯的前期，他也爲提拔袁世凱做過很多努力。

一八八四年，金玉均等「開化黨」人士發動甲申政變，試圖推翻爲「事大黨」及閔妃所把持的政權，駐朝日軍亦趁機行動想要脅天子以令諸侯，但卻打錯了算盤，傷害了朝鮮的主權，最後朝鮮請求清政府派兵鎮壓，袁世凱平復了這場叛亂，在一定程度阻止了日本的瘋狂舉動。

袁世凱在朝鮮期間，時常出入朝鮮宮廷，並且讓朝鮮高宗按照藩國禮儀迎接滿清欽差，明確清朝和朝鮮的從屬關係。一八九四年，朝鮮爆發東學黨起義，袁世凱看到形勢不好，好漢不吃眼前虧，君子能屈能伸，化成平民從仁川逃回了中國。他在朝鮮的表現，得到了北洋大臣的特別賞識，李鴻章等保薦袁世凱負責督練新軍。

在督練新軍過程中，袁世凱特聘一批具有先進軍事培養才能的洋人充當教官，又從各級學堂挑出有才幹的人擔任各級的領導，自己也刻意去培養一批親信，加強對於全軍的控制，這些人不乏優秀人才，對以後袁世凱的發展都有莫大的影響。

戊戌政變前，維新派人物曾寄望於袁世凱的新軍，譚嗣同就當面勸袁世凱出兵圍攻頤和園實行兵諫，但袁世凱陽奉陰違，變法失敗，光緒被慈禧軟禁瀛台。

義和團在山東攻打西方教堂，洋人就對清廷施加壓力，清政府不得不罷免治理不力的山東巡撫以結四方之好，另外派袁世凱出任山東巡撫。這是袁世凱首次被委以重任，袁世凱認爲義和團是邪門歪道要嚴加鎮壓，這導致義和團被迫轉向京津地區。

慈禧太后本來是想利用義和團運動來折騰一下洋人，沒想到激化了矛盾，導致京津亂成一團。袁世凱在山東的高壓政策使得山東暫時比較平靜。

《辛丑合約》簽訂後，已經顏面盡喪的清政府決定痛定思痛改變現狀，實行新政，這得到了袁世凱的大力擁護。他在山東建立了山東大學堂同時還兼新軍，第二年在保定訓練北洋常備軍，由於和部隊一步步接近，他漸漸掌握了一部分軍務大權。

袁世凱是頗有政治才能的。袁世凱還兼任多個重要職務。在此期間，他在很多方面頗有建樹，修鐵路、創辦巡警、整頓地方政權及開辦新式學堂等，傳播了自己的名聲。通過實行新政，袁世凱得以「內結親貴，外樹黨援」，很快形成了一個以他爲首的龐大的北洋軍事政治集團。

袁世凱北洋集團勢力的擴張，使掌握中央政權的滿族親信大臣甚爲擔憂，他們害怕位高權重的袁世凱會危及到自己的統治利益。面對利益，每個人都是自私的，於是大臣們在慈禧面前打袁世凱的小報告。留得青山在還怕沒柴燒，袁世凱主動請退，辭去一切職務，以退爲進，以表忠心。

一九〇八年十一月，光緒帝和慈禧太后相繼病死，年幼的溥儀即位，其父載灃爲攝政王。載灃對袁世凱百般刁難，迫使其放棄所有職務引歸故里，暫時離開了中央政權。

辛亥革命爆發後，各省獨立之聲此起彼伏，北洋新軍成爲清政府唯一一個可以和革命相抗衡的軍事力量，於是袁世凱被再次啓用，並且被委以重任。此時的袁世凱利用外交手段，一方面用武力鎮壓南方革命，另一方面暗中和革命軍談判，讓革命黨認爲袁世凱是個不錯的政治領袖。

一九一三年二月，依據臨時約法，舉行了中國歷史上第一次國會選舉。國民黨所得議席最多，按約法，應由該黨理事長宋教仁出任內閣總理。三月二十日，宋教仁卻在上海遇刺身亡，全國大嘩。革命元勳孫中山、黃興等懷疑是袁世凱所爲，但袁世凱予以否認。

一九一三年七月，孫中山組織了中華革命黨，發動二次革命，用武力討伐袁世凱，結果失敗，革命黨已無力阻止袁世凱瘋狂的腳步。隨即袁世凱於北京故宮太和殿就任中華民國大總統。十一月四日，袁世凱下令解散中國國民黨，國會因人數不足而無法開會，不久制約他權力的議會也被他剔除。

一九一六年一月十二日，袁世凱政府公佈《傳染病預防條例》，這是管理公共衛生事業的一大進步。後來迫於輿論壓力，袁世凱取消帝制，因爲全國革命形勢發生了逆轉，革命黨人連大總統都不讓袁世凱當了。

袁世凱好談鬼神，特別偏好風水，認爲袁氏家族，父之輩官運財運亨通，都得益於墓園墳山和寨子宅第風水。可是一八七八年袁保恒死後，他又覺得以自己命相，風水之運所得還太少，所以回陳州府城袁家大宅後，他並不急著回項城的袁寨，而是忙著請堪輿家、地理先生、風水先生。

傳說袁世凱出生後，哭聲洪亮，天庭飽滿，頭圓鼻隆，家人專門從城內請來的幾位相士，都斷言此孩前程無量。有一個瞎子算命先生，由一個十歲孩子用一根小竹竿

牽入袁寨，聽了報上來的袁世凱的生辰八字，以四柱法推算近半個時辰，將其命宮、流年和大運都說完後，加了一句話：「誠是大富大貴之相，可又損於大福大貴！」正是袁家不論陰宅陽宅風水都好，袁世凱命相又有福，所以袁世凱一生相信術數和術士，這直接影響到他的生活，乃至軍政決策。袁世凱從小就不喜歡辛辛苦苦地念書，而是沉溺縱馬飛馳，遊山玩水，只任「命運」來博取日後的前程和功名。

Q 戊戌六君子——譚嗣同

譚嗣同，漢族，湖南瀏陽人，是中國近代資產階級著名的政治家、思想家，維新志士。他主張發展民族工商業，學習西方資產階級的政治來繁榮中國，公開提出廢科舉、興學校、開礦藏、修鐵路、辦工廠、改官制等變法維新的主張，曾寫文章抨擊清政府的賣國投降政策，一八九八年變法失敗後被殺。

譚嗣同的父親譚繼洵曾任清政府甘肅道台、湖北省巡撫等職。生母徐氏出身貧寒，作風勤樸，從小就教育譚嗣同好好學習天天向上。十歲時，嗣同拜瀏陽著名學者歐陽中鵠爲師。在歐陽中鵠的影響下，他對王夫之的思想產生了興趣，受到了愛國主義的啓蒙。

譚嗣同讀書喜歡廣泛涉獵，好講經世濟民的學問，文章寫得很有才華。他對傳統的時文八股非常反感，曾在課本上寫下「豈有此理」四個字。他仰慕那些鋤強扶弱的草莽英雄，曾和當時北京的一個「義俠」大刀王五結交，成爲生死不渝的摯友。

一八八四年，譚嗣同離家出走，遊歷直隸、甘肅、新疆、陝西、河南、湖北、江西、江蘇、安徽、浙江、山東、山西等省，觀察風土，結交了很多好朋友，開闊了視野，也助長了自己的維新變法心理。

中國戰敗，簽訂了喪權辱國的《馬關條約》。康有爲聯合在京參加科考的一千多名學生遊行抗議清政府簽訂合約。深重的民族災難，焦灼著譚嗣同的心，他對帝國主義的侵略義憤填膺，堅決反對簽訂和約，同時對清政府「忍心割捨掉臺灣這塊骨肉」的妥協行徑極爲憤慨。

一八九七年夏秋間，譚嗣同的第一本著作《仁學》出版發行，這是維新派的第一部哲學著作。在一八九四年中日甲午戰爭中，清軍慘敗，喪權失地，群情憤慨。譚嗣同痛感自己把精力投入到陳規的教條書本當中是在浪費青春、扼殺生命，決心致力於維新變法，於是和唐才常等在瀏陽合資辦學校，開始了維新變法的宣傳工作。爲追求時髦理論，學習新知識，他出國留學，對資本主義生產方式和自然科學發生了興趣。

一八九八年六月十一日，光緒帝下詔宣布變法。譚嗣同被人舉薦奉命見駕，參與

新政。以慈禧太后爲代表的封建頑固派，反對新政。譚嗣同等幻想得到袁世凱對變法維新的支持，但迅即被袁世凱出賣。慈禧太后於九月廿一日發動政變，對維新派進行殘酷鎮壓。譚嗣同拒絕出走，九月廿四日被捕下獄。

譚嗣同從小飽讀經書，知識廣博，武藝精湛，少年有志。一次，譚嗣同到古戰場井陘關去遊覽，想起韓信出奇兵大敗趙軍的史實，心中蕩起無限的激情。面對祖國大好山川，緬懷古人，抒發愛國壯志，他寫下了鏗鏘的詩篇：「平生慷慨悲歌士，今日驅車燕趙間。無限蒼茫懷古意，題詩獨上進陘關。」

譚嗣同在北京結識了康有爲的大弟子梁啓超，兩人談得十分相投，結爲莫逆之交。以後，譚嗣同積極宣傳科學，得到湖南巡撫陳寶箴和按察使黃遵憲的欣賞。不久，譚嗣同在南學會當了學長，起著總負責人的作用，他經常進行慷慨激昂地演說，氣勢磅礡，觀點新穎，深受聽眾歡迎。

譚嗣同曾經自題一聯：「惟將俠氣流天地；別有狂名自古今。」他在北京時，曾將自己的住所命名爲「莽蒼蒼齋」。還自題門聯，上聯是「家無儋石」，下聯是「氣雄萬夫」。

譚嗣同等在湖南維新變法運動中的激進表現，遭到湖南頑固勢力的仇視，頑固勢力不會輕易放他一馬。南學會被解散，《湘報》主筆被毆打，一些維新派人士被迫離開湖南。面對這種局面，譚嗣同毫無畏懼，他在給老師歐陽中鵠的信中表示，爲了變法維新，不怕「殺身滅族」。

譚嗣同進京後不久，就被光緒皇帝接見，他向皇帝表明了自己的思想見解。光緒皇帝對他很讚賞，於是就下令破格授予他與楊銳、林旭、劉光第以「軍機章京上行走」的四品銜，時稱「軍機四卿」。軍機處是清政府的國務院，一切國家的重大決策，包括人事任免，都由該處官員參與制定和決定。

政變發生後，譚嗣同曾同大刀王五策劃過劫救光緒皇帝，但未成事。其後，王五勸他出逃，並自願充其保鏢，可譚嗣同決心已定，拒絕出走，他取下隨身所帶的「鳳矩」寶劍贈給王五，希望王五繼承其維新事業，以實現其酬報「聖主」的遺志。後來，又有一些人勸譚嗣同出逃，均被他一一拒絕。

譚嗣同知道自己大難臨頭了，在自己的住處收拾東西，將自己多年來所寫的詩文稿件、來往書信，裝了滿滿一箱子。他來到梁啓超避居的日本使館，和梁啓超說：「我們想救皇上，沒能救成。現在，一切都無濟於事，只好受死。你快到日本去，我只要你把我這箱東西帶去，就沒其他的掛懷了！」

戊戌變法失敗後，梁啓超曾經勸說過譚嗣同。梁啓超給他講了「留得青山在，不怕沒柴燒」的道理，勸他一起到日本去。譚嗣同卻說：「不有行者，無以圖將來；不

有死者，無以酬『聖主』」。他願梁啓超充當「行者」，「以圖將來」，而自己以死來報答光緒皇帝。

一八九八年九月廿八日，古老的北京城籠罩在一片陰沉昏暗的風沙裏。宣武門外菜市口刑場上，豎立著六根木柱，木柱上綁著六位愛國志士，維新變法的闖將，譚嗣同、劉光第等人。以慈禧爲首的頑固派，怕外國干涉，怕人民起而抗議，決定處決這些人以絕後患。

清末三屠之一——張之洞

在中法戰爭中，張之洞籌備軍餉運載軍械，很是盡心負責，同時，他還開辦學堂民用工業、軍用工業，除了貼補軍用外，還可以賺個私房錢以備資金不足無法運轉。

光緒十二年，張之洞在廣州創辦廣雅書局和廣雅書院。廣東原有端溪書院，在肇慶，張之洞聘請梁鼎芬當端溪書院校長，後來梁鼎芬率師生來到廣雅書院。張之洞又聘朱一新到廣雅書院擔當特約教授。當時梁鼎芬獲罪，朱一新降職。張之洞不怕非議，敢於延聘他們，顯示了他的不凡氣度。

光緒十五年，張之洞建議朝廷修條盧溝橋到漢口的鐵路，以貫通南北。他認爲修鐵路好處很多，最重要的是有利於百姓南北交流，互通貨物，徵兵、運餉之類的功用倒是其次。朝廷最後同意了這件事，張之洞又爲百姓做了一件好事。

張之洞是一個實幹家。光緒十五年冬，張之洞到了湖北，花了很大的精力辦起軍用工業和民用工業。他首先籌建了漢陽鐵廠。漢陽鐵廠是一個鋼鐵聯合企業，光緒十九年建成，包括煉鋼廠、煉鐵廠、鑄鐵廠大小工廠十個、煉爐兩座，工人三千。

張之洞創辦了湖北織布局，可惜千瘡百孔的清王朝連「實業救國」也救不活了，只能等死了。張之洞於光緒十八年在武昌開車，有紗錠三萬枚，布機一千張，工人兩千。織布局是盈利的，但是張之洞卻將織布局的盈利去彌補鐵廠、槍炮廠的虧損，使織布局一直處在高利貸的壓迫下，無從發展。

張之洞對商機一向瞄得特別準，他看到棉錠十分盈利，就決定開設兩個紗廠。他致電駐英國公使薛福成，向英商訂購機器，並於光緒二十三年建成北廠，有紗錠五萬多枚，爲湖北紡紗局。南廠一直沒有建成，機器停放在上海碼頭任憑風吹雨打，後來被張謇領去辦了南通大生紗廠，光緒二十八年轉租給廣東的應昌公司承辦。

張之洞出國留學沒有白喝洋墨水，的確學到了不少東西，學成之後非常實幹。張之洞還創辦了製磚、製革、造紙、印刷等工廠，以及湖北槍炮廠。他在湖北還注重興修水利，於光緒二十五年前後修了三條堤：一條是武昌武勝門外紅關至青山江堤三十

里，一條是省城之南的堤壩，自白沙洲至金口江堤五十二里，一條從鯰魚套起至上新河爲止的十餘里堤岸。

張之洞在湖北的任期中，十分重視湖北、江蘇的教育，創辦和整頓了許多書院和學堂：在湖北，有兩湖書院、經心書院、農務學堂、工藝學堂、武備自強學堂、商務學堂等；在南京，設儲才學堂、鐵路學堂、陸軍學堂、水師學堂等。

張之洞還曾派遣留學生到日本留學。在學堂、書院的學習科目方面，他針對社會需要有所改革，添增了一些新的學科。張之洞也注意到了訓練軍隊的問題，在兩江總督任職期內，他曾編練過江南自強軍，人數一萬，地點在徐州，軍官全部由德國人擔任，採用西法操練。

甲午戰爭失敗後，張之洞上書《籲請修備儲才折》，希望朝廷總結失敗教訓，變法圖治。由於他慷慨激昂討論國家振作，主張反抗侵略，又辦洋務企業，因此維新派首領康有爲在《公車上書》中稱張之洞「有天下之望」，對這位封疆大吏抱有很大的希望。

光緒二十二年到二十三年，維新派在上海創刊《時務報》，梁啓超主筆，汪康年爲經理。張之洞以總督的名義，要湖北全省各州縣購閱《時務報》，捐款千元，給予報紙以經濟上的支持。後來，《時務報》發表了關於中國應爭取民權的文章，使張之洞不大高興。

陳寶箴任湖南巡撫後，在湖南掀起了維新運動。他在湖南的新政，包括開工廠、改革教育等，得到了張之洞的贊同。在張之洞的影響下，陳寶箴也命令全省各州縣書院的學子閱讀《時務報》。此後，陳寶箴於湖南成立南學會，創辦《湘學報》、《湘報》，張之洞利用政治力量，推銷《湘學報》於湖北各州縣。

光緒二十六年，中國北方掀起了義和團運動。一開始，張之洞便主張堅決鎮壓。他先後鎮壓了湖北天門縣、荊州府等地人民焚燒教堂、醫院的行動，還會同沿江各省奏請力剿「邪匪」，嚴禁暴軍，安慰使館，致電各國道歉。

戊戌變法失敗後，各方勢力基本都是按兵不動。唐才常等人聯絡會黨和清軍部分官兵組織自立軍，準備在南方幾省起義，張之洞得知消息卻適當地裝了一下傻。這時，英國正在攛掇香港議政局議員何啓等拉攏孫中山，準備在華南忽悠李鴻章「獨立」。

光緒三十一年六月，張之洞又被任命張之洞管理粵漢鐵路的事件。粵漢鐵路的築路權早在七年前就被美國所控制。光緒二十四年，美國合興公司同清廷簽訂《粵漢鐵路借款草合同》，控制了粵漢鐵路的築路權，光緒二十六年又訂立續約，但並沒進行招標，其實是一種變相的壟斷控制。

Q 北洋水師提督丁汝昌

丁汝昌，原名先達，字雨亭，號次章。丁汝昌的老爹以務農爲生，生活貧苦。丁汝昌幼年曾入私塾讀了三年書，因家境貧窮，自十歲起失學。窮人的孩子早當家，失學後，丁汝昌幫人放牛、放鴨、擺渡船等，以補貼家用。咸豐三年十二月，丁汝昌參加太平軍，後隨太平軍駐紮安慶，成爲程學啓的部下後叛投湘軍，不久改隸淮軍。

光緒二十年七月初一，甲午戰爭爆發。戰爭爆發後，光緒皇帝在清流黨人的慫恿下，情緒激動。數日間，連發電報指責當時任北洋海軍提督的丁汝昌，不斷給丁汝昌施壓以期待其有出色表現，卻不顧清廷命令的混亂，導致戰場上戰略失誤，錯過戰機，連連失敗。

甲午中日戰爭爆發後，清政府所下命令大都前後矛盾，混亂不堪，既要丁汝昌遠行尋找日本艦隊決戰，又命令其必須保護大沽、山海關、旅順、威海等地萬無一失，艦隊不得遠離，「倘有一艦闖入，定將丁汝昌從重治罪」。之後，丁汝昌被革職留任。

丁汝昌當時所處環境雖十分艱難，但仍力圖振作，召集諸將，籌商水陸戰守事宜。光緒二十年十二月二十五日，日軍在山東榮成登陸。三十日，即光緒二十年除夕，日本聯合艦隊司令長官伊東佑亨遞送勸降書，丁汝昌不爲所動，決心死戰到底。當日，他對家人說「吾身已許國」，並將勸降書上交李鴻章，以明心跡。

光緒二十一年正月十五，日軍艦艇四十餘艘排列於威海南口外，勢將衝入，日本陸軍也用陸路炮臺的火炮向港內猛轟。丁汝昌登「靖遠」艦迎戰，擊傷兩艘日本軍艦，「靖遠」艦也被炮彈擊中。丁汝昌欲與船同沉，被部下誓死救上小船。十七日，丁汝昌獲悉陸路援軍徹底無望，北洋艦隊已被國家拋棄，當晚，服鴉片自殺。

丁汝昌死後，清政府內的清流、頑固黨人交相攻擊。光緒下旨對丁汝昌「籍沒家產」，不許下葬。丁汝昌的子孫輩被迫流落異鄉。直至宣統二年，經載洵及薩鎮冰等人力爭，清廷才爲丁汝昌平反昭雪。

總統府高等顧問——章太炎

章太炎學問淵博，是一代國學大師。他持論偏激，行爲怪誕，自稱「章神經」。早年他在日本，東京警視廳讓他塡寫一份戶口調查表，這原是例行公事，可章太炎卻十分不滿，其所塡各項爲：「職業——聖人；出身——私生子；年齡——萬壽無

疆。」這與英國文學家王爾德有異曲同工之妙。章太炎說：「除了天才，別無他物！」真是神氣非凡。

袁世凱弄權，爲了拉攏這位「章瘋子」，曾經聘他爲「總統府的高等顧問」，並頒發勳章給章太炎。然而袁世凱很快就發現自己看走了眼，章太炎並不是一個好利用的人。而章太炎在袁世凱手下做了一陣「官」以後，逐漸認清了袁世凱的爲人。他發覺袁世凱是一個居心叵測、想要葬送民國恢復封建專制的野心家。處處聽來和看到的袁世凱齷齪事，讓章太炎決定去找那位獨夫民賊好好理論一番。

章太炎的確是個行爲怪異的人。一天，大冷的天氣，章太炎蹬一雙破棉靴，穿一領油油的羊皮襖，手中拿一把鵝毛扇，扇墜吊著袁世凱頒給他的大勳章，直闖總統府。接待員不讓他進去，一怒之下，罵道：「向瑞琨一個乳臭未乾的小孩子見得，難道我見不得？」他徑直往裏闖，警衛阻攔，雙方立刻起了衝突。章太炎索性一不做、二不休，操起桌上的花瓶朝大總統畫像猛力擲去，隨後又將接待室中的桌椅板凳一應擺設砸了個稀爛。

袁世凱厭惡章太炎的行爲，可迫於輿論的壓力，不好給章太炎派罪名，就定了個「瘋子病發違禁」的滑稽名目，將章太炎幽禁在北京錢糧胡同的新居。章太炎在錢糧胡同的居所，無法出門，就在八尺見方的宣紙上大書「速死」二字，懸掛於廳堂正中，然後滿屋子遍貼「袁世凱」字樣，以杖痛擊，稱之為「鞭屍」。

「章瘋子」也有不瘋的時候。日軍侵華，他說：「日本侵略者想要滅亡中國，中國人應當加緊研究本國的燦爛文化，發揚民族主義精神，喚起愛國主義思想。」一九三六年夏，章太炎給學生講課，但是在開講以後不久，他的氣喘病發作了。病得最嚴重的時候，飲食都難以下嚥，卻還是掙扎著給學生授課。他的夫人勸阻他，他回答說：「飯可以不吃，書仍然要講。」講完最後一堂課以後，他便倒在床上不能起來了，臥床不到十天，便與世長辭。

章太炎四十四歲時原配過世。很多人給他提親，問他擇偶的條件，他說：「別人娶妻當飯吃，我娶妻當藥用。兩湖人最好，安徽人次之，最不適合的是北方女子。廣東女子言語不通，如果是外國人，那是最不敢當的。」

後來他在《順天時報》等京滬幾家報紙上都登了徵婚廣告，除了上面的要兩湖籍外，對女方還有三條要求：一、文理通順，能作短篇；二、大家閨秀；三、有服從性質，不染習氣。在晚清，沒有大家閨秀敢應徵。後來，還是蔡元培給他介紹了符合各項條件的湯國黎女士，最終兩人結為伉儷。

予豈好辯哉——辜鴻銘

「豈是好舌辯，我只是不得已而已！」這是辜鴻銘喜歡引用的孟子之語。在現實生活中，他是直追東方朔的能言善辯之士，一個為中外稱道的諷刺天才。在英國留學時，每逢中國傳統節日，他一定要在房間裏朝東方擺個祭台，敬上酒饌，遙祭祖先。房東老太揶揄道：「你的祖先什麼時候會來享受你這些大魚大肉哇？」他響亮地回敬：「自然是在貴先人聞到你們在墓地敬獻的鮮花花香之前！」

一次，外國友人宴請辜鴻銘，入座時大家相互推讓，最後讓辜鴻銘坐在了首席。席間有人問孔子之教究竟好在哪裡。辜鴻銘答：「剛才諸位互相推讓上座就是行孔子之教，如果以西洋的『優勝劣敗』為主旨，則今天勢必要等到大家你死我活競爭一番決出勝敗，然後才能定座動筷子。」外國人問辜鴻銘：「為什麼中國人都留辮子？」他反唇相譏：「那為什麼外國人留鬍子呢？」

英國作家毛姆來中國，想見辜鴻銘。毛姆的朋友就給辜鴻銘寫了一封信，請他來，可是等了好長時間也不見他來。毛姆沒辦法，自己跑去辜鴻銘的小院。一進屋，辜鴻銘就不客氣地說：「你的同胞以為中國人不是苦力就是買辦，只要一招手，我們非來不可。」毛姆極爲尷尬，不知所措。

辜鴻銘在北京大學講課時，對學生們公開說：「我們爲什麼要學英文詩呢？那是因爲要你們學好英文後，把我們中國人做人的道理，溫柔敦厚的詩教，去曉諭那些四夷之邦。」

辜鴻銘一生主張皇權，可慈禧太后過生日，他卻賦詩道：「天子萬年，百姓花錢。萬壽無疆，百姓遭殃。」可見他的錚錚傲骨以及不爲世俗所壓迫的高潔情操。

有一次，袁世凱對駐京德國公使說：「張中堂是講學問的，我是不講學問的，我是辦事的。」辜鴻銘聽後諷刺道：「當然，這要看所辦的是什麼事，如是老媽子倒馬桶，自然用不著學問；除倒馬桶外，我還不知道天下有何事是無學問的人可以辦到的。」

一代鴻儒沈曾植曾當眾羞辱辜鴻銘：「你說的話我都懂，你要懂我的話，還須讀二十年中國書。」自此辜鴻銘更是發憤用功。十數年後，他公然向沈曾植挑戰：「請教老前輩，哪一部書老前輩能背，我不能背，老前輩能懂，我不懂？」

辜鴻銘說，作爲外國人，在日本居住的時間越長，就越發討厭日本人。相反，在中國居住的時間越長，就越發喜歡中國人。中國人給人留下的總體印象是「溫良」，「那種難以言表的溫良」，中國人以成年人的智慧過著孩子般的生活——一種心靈的

生活。

辜鴻銘用毛筆來喻示所謂中國心靈生活與精神文化的智慧：「中國的毛筆或許可以被視為中國人精神的象徵。用毛筆書寫、繪畫非常困難，好像也不容易精確，但一旦掌握了它，就能得心應手，作出美妙優雅的書畫來，而用西方堅硬的鋼筆是無法獲得這種效果的。」

有一件事，足可見辜鴻銘受外國人鍾愛的程度。中國人講演從來是不賣票的，可辜鴻銘在六國飯店用英文講演《中國人的精神》時，卻公開賣票。當時梅蘭芳的戲，最高票價不過一元二角，而辜鴻銘講演門票則售價兩元。

Q 大清紅人——李鴻章

李鴻章在清末的官僚當中，在訪問外國時受到的禮遇，是任何一位官員都無法比的。一八九六年八月廿八日，直隸總督兼北洋大臣李鴻章乘「聖·路易士」號油輪抵達紐約，開始對美國進行國事訪問。李鴻章在美國受到了總統克利夫蘭的接見，並和美國一些要員見面，受到了「史無前例的禮遇」。九月二日，李鴻章在紐約華爾道夫飯店召開了記者招待會。

清朝的閉關鎖國，鬧了不少笑話。一次，記者問李鴻章對美國哪裡最感興趣。李鴻章說「我對在美國見到的一切都很喜歡，所有事情都讓我高興。最使我感到驚訝的是二十層或更高一些的摩天大樓，我在中國和歐洲從沒見過這種高樓。這些樓看起來建得很牢固，能抗任何狂風吧？但中國不能建這麼高的樓房，因為颱風會很快把它吹倒，而且高層建築沒有你們這樣好的電梯配套也很不方便。」

李鴻章在與日本商討《馬關條約》問題時，差點被人殺死。一天，李鴻章的轎子快到驛館時，人群中突然躥出一名日本男子，向李鴻章開了一槍！李鴻章頭部中彈，當場昏厥過去。李鴻章的隨員們趕快把他抬回驛館，由於有隨行醫生的急救，子彈又沒有擊中要害，不久李鴻章就蘇醒過來。面對著血跡斑斑的朝服，李鴻章長嘆說：「這血應該能夠報效朝廷了！」

李鴻章只不過是清政府的一枚棋子。清政府在李鴻章遇刺的第二天給李鴻章來電，除慰問傷勢之外，還指示他據理力爭，爭取更多的權益。三月廿八日，日本天皇下令停戰；四月十七日，李鴻章與日本代表簽訂了《馬關條約》，刻下了泱泱大國在清廷黑暗無能統治下的永遠傷痛。其實，作為任人擺佈的棋子，李鴻章又能如何呢？

中日間諜戰

清朝晚期，日本一直窺探中國這塊肥肉，並悄悄地在各個地區安插了不少間諜，其間諜機關的總部設在北京，總頭目是青木宣純。青木宣純於一八八四年奉命到中國進行諜報活動，化名廣瀨次郎。他先在廣東活動三年，後調到北京收集情報，並繪製了精密的北京郊區地圖。這是日本第一次得到北京郊區圖。在上海，日本間諜藤島武彥化裝成和尚，刺探福建艦隊的軍情，並繪製地圖。後藤島在鎮海被抓獲處死。

在這一系列日本間諜活動中，最詭計多端的是在天津的神尾光臣。甲午戰爭前夕，大本營給神尾光臣一個特殊任務，除了搞絕密情報外，還要他發回一些中國正積極備戰的假消息，激起日本國民的戰爭情緒。神尾光臣心領神會，歪曲事實不斷發回中國準備對日開戰的假情報，致使一八九四年七月十二日，日本內閣以「中國在平壤集結大軍，欲與日本一戰」為由，向中國發出第二份絕交書。清政府被迫排兵佈陣，準備戰事。

一八八六年春，日本陸軍參謀本部派荒尾精秘密潛到中國刺探情報。此時日本間諜愈加瘋狂。他們將在中國各地搜集的情報分門別類整理，編纂成三大冊兩千多頁的

《清國通商綜覽》。這是一部有關中國的百科全書，這部書爲日本軍政當局侵華提供了大量的第一手資料。

＊微歷史大事記＊

同治十年（一八七一年），愛新覺羅．載湉出生於北京宣武門太平湖畔醇王府，其父奕譞是道光帝的第七子，其母是慈禧的胞妹，這種特殊的家庭背景，使他在同治病故之後被指定為皇帝。

光緒元年（一八七五年）正月，光緒帝於太和殿即位。

光緒九年（一八八三年）五月，法軍進攻越南河內的紙橋，挑起中法戰爭。

光緒十年（一八八四年）八月，法艦炮轟福建馬尾造船廠，挑起馬尾海戰。

光緒十三年（一八八七年）正月，光緒帝始親政。

光緒二十年（一八九四年）七月，日軍在豐島海面突然襲擊中國運兵船，中日甲午戰爭爆發。

光緒二十一年（一八九五年）三月，李鴻章代表清廷在日本馬關議和，簽訂《馬關條約》。

光緒二十四年（一八九八年）四月，召見康有為，命充總理各國事務衙門章京。頒佈《定國是詔》，開始百日維新。八月，慈禧太后復垂簾於便殿訓政。詔康有為結黨，奪職下獄。康有為逃，楊銳、譚嗣同等戊戌六君子下獄處斬。光緒帝被禁瀛台，懿旨一切復舊。

光緒二十七年（一九〇一年）七月，奕劻、李鴻章在北京與十一國公使訂立《辛丑合約》。

光緒三十年（一九〇四年）四月，英軍入侵西藏，西藏人民展開江孜保衛戰。六月，英軍攻陷拉薩。

光緒三十一年（一九〇五年）七月，孫中山在日本成立中國同盟會，提出「驅逐韃虜，恢復中華，建立民國，平均地權」的綱領。

光緒三十四年（一九〇八）十月，光緒帝逝於瀛台涵元殿，年三十八。次日，慈禧逝。

清宣統帝溥儀時期

末代皇帝

溥儀是光緒皇帝的弟弟載灃的長子。光緒三十四年（一九〇八），溥儀在太和殿即位，後改元「宣統」。一九一二年二月十二日，溥儀被迫退位，清王朝滅亡，延續了兩千多年的封建帝制也宣告結束。

婉容是中國歷史上最後一位皇后。她吸毒是她的老爹和哥哥給她出的主意，在私通問題上，她也受過她哥哥的鼓勵。在她那次離京去大連的路上，她的哥哥由於要換取某種利益，便把自己的妹妹賣給一個同行的日本軍官了。有這種父親和哥哥，中國歷史上最後一位皇后也真夠悲哀了。

中國歷史上最後一位皇后的結局非常悲慘。婉容有了私生子後，被溥儀軟禁在「內廷」，後來經過「滿洲國」、日本投降及解放戰爭等變遷，流落到吉林省敦化。時年僅四十多歲的她，瘦得皮包骨頭，兩眼目光呆滯，臉色青白，一口黃牙，完全沒有了模樣。一九四六年，婉容病死，其屍葬於何處，無人確切知曉。

一九三一年的溥儀早已被馮玉祥的國民軍逐出了紫禁城，住進了天津租界。而他的淑妃文繡接觸了外界的新思想，頂住了來自各方面的壓力，竟請律師出面，用這種現代的方式與「皇帝」溥儀離了婚，逃出了這個「活棺材」，得到了自由。後來，她在天津當了一名小學教師，直到一九五〇年去世。

溥儀後來被關押在撫順戰犯管理所接受改造，一九五九年獲特赦。經過五十多年的人世滄桑，最後，他選擇了一位只有小學文化程度的女護士為妻，她就是李淑賢。

一九一七年六月，張勳帶領辮子軍入京，和康有為等保皇黨一起，在七月一日宣布溥儀復辟。一九二四年十一月五日，馮玉祥派鹿鍾麟帶兵入紫禁城，逼溥儀離宮，歷史上稱之為「逼宮事件」。溥儀逃進日本公使館。不久，被日本人護送到天津。一九三二年三月一日，日本扶持溥儀為日本傀儡政權「滿洲國」的執政。

一九四五年八月十五日，日本戰敗投降。八月十七日，溥儀在瀋陽準備逃亡時被蘇聯紅軍俘虜，被帶到蘇聯。一九五〇年八月初其被押解回國，在撫順戰犯管理所學習、改造。

日本人掌控偽滿洲國政權的時候，為了進而控制整個中國，實現他們「大東亞共榮圈」的野心。日本一直想給溥儀選個日本妃子，以圖讓一個有一半日本血統的皇帝繼承帝位。於是日本人害死溥儀的妃子譚玉玲，希望在溥儀無妃的當口乘虛而入，但溥儀先下手為強，命心腹在東北農村弄了個「榮貴人」，擋住了日本人野心。

貪婪的日本人是什麼事情都幹得出來的。在日本瞭解到溥儀不能生育的實情後，決定轉移目標，以溥傑為突破口，打算為他選一個日本妃子，然後順利生子，再按照偽滿洲國的規定將溥儀趕下臺來，扶正溥傑，走曲線達到預期目的。

溥傑和他老婆唐怡瑩的婚姻，最後是日本人破壞的。日本爲了給溥傑配個日本老婆，以達到自己的目的，當時任「御前掛」的吉岡安直帶著全副武裝的日本士兵，氣勢洶洶地闖進唐怡瑩的家，用刺刀抵著她，逼她在事先準備好了的離婚協議書上簽了名，又把當地員警署長請來，在這份離婚證書上簽字畫押。至此，關於這場政略婚姻的男方工作已成功告一段落。

日本人逼著唐怡瑩與溥傑離婚後，吉岡安直又匆匆返回日本，由本庄繁大將和陸軍大臣南次郎出面，在日本女子中爲溥傑尋覓未來的「新娘」。最後，他們選中了嵯峨家族的小姐嵯峨浩。一九三七年一月十八日，在嵯峨浩的外祖父容所的家裏，溥傑和嵯峨浩進行了第一次相親。

溥傑和嵯峨浩是在日本結婚的。一九三七年二月六日，僞滿洲國駐日本大使館發表了溥傑和嵯峨浩訂婚的消息，三月六日，兩人正式舉行了訂婚儀式。此後兩人交往日漸頻繁，溥傑和嵯峨浩的感情突飛猛進，吉岡的工作也有條不紊地進行，終於於一九三七年四月三日，兩人在日本東京軍人會館正式完婚。

溥傑與嵯峨浩婚禮後，開始了一周的新婚旅行，然後回到東京，嵯峨浩懷了孕。按照《帝位繼承法》，如果嵯峨浩真的生下男孩的話，溥儀就得被迫退位，這不單關係到個人利益，還關係到僞滿洲國的基業。溥儀雖然沒有回天之力，但總還是有點民

族氣節的。

嵯峨浩這個日本女人還是有些良心的。爲了讓溥儀安心，減少他們兄弟間的矛盾，嵯峨浩大義凜然地主動和關東軍談判，要求申請僞滿洲國籍，讓日本人的計畫即使成功也顯得不夠名正言順。一九三八年二月廿六日，嵯峨浩在新京市立醫院生下了一個女兒。溥傑爲她取名「慧生」，取其「智慧高深」之意。

一九四五年八月八日，蘇聯對日宣戰。八月十八日凌晨一點，溥儀正式宣布退位，僞滿洲國持續了十三年零五個月後土崩瓦解。溥傑剛逃到日本就被逮捕，先後被關在伯力特別收容所和撫順戰犯管理所。溥傑出獄後，在周恩來的幫助下，嵯峨浩終於在一九六一年來到了中國，並加入了中國的國籍，與溥傑相依相伴直至終老。

Q 年輕有爲康南海

康有爲，字廣廈，號長素，廣東南海人，人稱「康南海」，出生官宦世家，是個才氣出眾又有內涵的人，很多名門都希望可以攀到康家的親戚，並且對康有爲在理學上的成就頗爲欣賞讚譽。

康有爲最早的老師是他的祖父康贊修。十九歲時，康有爲拜南海有名的學者朱次琦為師。康贊修、朱次琦都崇信宋明理學，因此，康有為在宋明理學的影響下，鄙棄所謂漢學家的煩瑣考據，企圖開闢新的治學道路。但學習一段時間的理學之後，他對理學也不認可了。

一八八二年，康有為到北京應試，回來時路過上海，偶然地接觸到了資本主義。年輕人對待外來事物向來有一種神秘的求知欲，此後他收集了很多資本主義的書籍，在對比了沒落的清政府的封建統治後，他進一步肯定了西方上升的資本主義的好處，立志要學習西方。

一八八八年，康有為到北京參加順天的招生考試，結果沒考上，但是這並不能阻止他學習西方的腳步，他甚至還向光緒帝上書要求實行維新變法，不過他似乎打錯了算盤，找錯了主，站錯了隊，光緒沒實權，談何變法？

為了組織和壯大維新派，康有為在北京組織了強學會。強學會成立之後，舉行例會，相互討論「中國自強之學」，批判頑固派的投降賣國。這就惹怒了李鴻章等人，他們下令封閉了這個學會。在這個學會被封閉之前，康有為已感到形勢緊張，後離京南下在上海組織了強學分會，不久也被封閉。

一八九八年強學會成立時，康有為在北京創辦《中外紀聞》，一開始印一千份，後來加印三千份。當時許多官員都能看到，一時間在朝廷內外影響很大。同年，康有

爲又在上海組織發行了《強學報》。改良派通過報紙媒體的力量，擴大了自己的陣地，也使自己的粉絲增加了不少。

康有爲通過一系列的政治實踐，使自己迅速躥紅，連光緒帝都成了他的忠實粉絲，但由於頑固派的惡意阻撓，導致兩人的見面會被迫取消，光緒很是生氣，便下令說，以後康有爲如有奏摺，即日呈遞。康有爲和他的同事們總算參與了變法維新的機要，他們根據皇帝的授意，發佈了不少實行新政的詔書。

康有爲等人以爲只要抓住了皇帝就能無事不成，但其實，光緒皇帝只不過是個空架子，實權完全掌握在慈禧太后手裏。正當康有爲等躊躇滿志的時候，反對派發動「戊戌政變」，把改良派打了下去。光緒皇帝被囚禁，譚嗣同等人被殺，康有爲、梁啓超逃往國外。

辛亥革命後，康有爲於一九一三年回國，主編《不忍》雜誌，宣揚尊孔復辟的思想理念。作爲保皇黨領袖，他反對共和制，一直謀劃清廢帝溥儀復位。一九一七年，康有爲和效忠前清的北洋軍閥張勳發動復辟，擁立溥儀登基，不久即在當時北洋政府總理段祺瑞的討伐下宣告失敗。

一九二三年，康有爲遷居青島匯泉灣畔，購宅居住，題其宅爲「天遊園」。初居青島時，其有意興建大學，並擬好大學章程，後因膠澳商埠督辦高恩洪先行一步而作罷。晚年，康有為為青島的優美風光寫下了不少詩作，其中若干詩詞刻石已成為嶗山景點的組成部分。

康有為對立憲模式的選擇在戊戌變法前後有所變化。戊戌變法以前，他提倡集權制的君主立憲，以日本和德國為範本。但是戊戌變法之後，他提倡虛位君主，以英國為範本。戊戌變法時期，他認為「變法」應「以俄國大彼得之心為心法，以日本明治之政為政法」。

康有為的事業成就涉及多方面，僅著述就有七百多萬字，一般人難以望其項背。他的文學成就主要是詩歌創作，作品想像奇特，辭藻瑰麗，具有濃郁的浪漫主義特色。其所有作品輯成《南海先生詩集》，代表詩篇有《出都留別諸公》五首，其中對國家命運十分關切，意氣豪邁。

康有為以晚清書法鉅子身分，對帖學一系作全面否定，大肆鼓吹「尚碑」意識，造就一代新風，提出「卑唐」，將有唐數百年來的書家創作一筆抹殺。大凡有成就的理論家很難成為創作大家，因為理論和實踐之間既有相輔相成的一面，也有矛盾對立的一面。

一九一一年六月七日，康有為應梁啓超的邀請，從新加坡移居日本，在日本經人介紹，雇了一名十六歲的神戶少女市岡鶴子作女傭。鶴子見來康家的客人都是氣度不

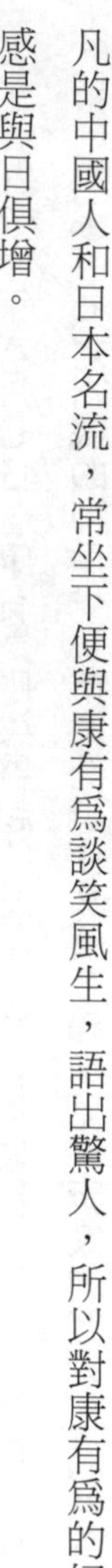

凡的中國人和日本名流，常坐下便與康有爲談笑風生，語出驚人，所以對康有爲的好感是與日俱增。

一九一三年二月，康有爲正式告知了鶴子他們即將歸國的決定。康有爲見鶴子不捨，就對她說：「鶴子，你如果捨不得和我們分開，那就和我們一道生活吧？」隨即向她提出將她納爲康氏第四妾，並一同回到中國的想法。在辛家花園的遊存廬，康有爲和鶴子舉行了婚禮。從此，鶴子正式成了康有爲的第四妾。

鶴子由於不能適應康氏大家庭的關係，終於產生了歸國之心。一九二四年晚秋，鶴子儘管已有身孕，仍決定回國，遂與康有爲揮淚告別，愴然回國。她這一走便成了與康氏的永訣。一九二七年三月八日，康有爲在上海做七十大壽回到青島，三十一日黃昏，猝死於青島「天遊堂」居室。

鶴子歸國不久，生下一個女兒凌子，後獲悉康有爲猝死於青島的噩耗，遙望中國，痛不欲生。

Q 超級神童梁啟超

童年的梁啓超聰明過人，才思敏捷，爺爺梁延十分喜歡他。梁啓超五歲時開始讀

《四書》、《五經》，八歲學爲文，九歲已經能夠寫超過千字的文章，十二歲成爲縣裏的高考狀元。四鄰八舍的人都稱他爲神童。

梁啓超很小就顯示出出人頭地的鋒芒了。一天，梁啓超爬上竹梯玩耍。爺爺怕他有危險，急叫道：「快下來，快下來！會跌死你的！」梁啓超看見爺爺急成那樣子，竟又往上再攀一級，還念出兩句：「有人在平地，看我上雲梯。」爺爺不由開心大笑，覺得乖孫非比尋常。

梁啓超很小就很有才學。一次，梁啓超的老爹吟上聯：「袖裏籠花，小子暗藏春色。」梁啓超仰頭凝思，瞥見對面廳簷掛著的「擋煞」大鏡，即念出下聯：「堂前懸鏡，大人明察秋毫。」旁邊的李兆鏡拍掌叫絕：「讓老夫也來考一考賢侄，『推車出小陌』，怎樣對？」梁啓超立刻對上：「策馬入長安。」「好，好！」李兆鏡連聲讚好。

梁啓超比康有爲小十幾歲，可是從小聰明好學，十五歲就考上大學，人們誇他是「神童」。他很贊成康有爲維新變法的主張，慕名去拜訪康有爲，想要拜康有爲爲師。康有爲說：「您是學士學位，我是一大專文憑；你學位比我高，幹嘛非得來我這呢？」梁啓超說：「先生學位雖低但有真材實料，怎是我這個書呆子能比上的？」

康有爲見他心意誠懇，就問他讀過什麼書，梁啓超頗自得地說：「我從小熟讀四

書五經。」沒料到，康有爲卻搖搖頭說：「你讀的都是些亂七八糟沒用的東西，污染眼球。」接著，康有爲談起俄國和日本如何變法等，梁啓超從來沒有聽過，覺得眼界大開。從這以後，梁啓超接受康有爲的學說，很快成了老師的得力助手，爲實現變法而奔走。

梁啓超是一個教子有方的家長。作爲文壇大儒、政界先鋒的梁啓超，在家庭教育中注重全方位精心教子，使得九個子女人人學有所長，個個都是國家的棟梁之才。在風雲變幻的中國，梁啓超始終關心孩子們的前途，對孩子們進行言傳身教，是個成功的家長。

梁啓超對他孩子們的影響是言傳身教、潛移默化的。孩子們小時，梁啓超常常讓孩子們圍坐在小圓桌旁，而自己一邊怡然自得地喝著酒，一邊繪聲繪色地講中外歷史上愛國英雄的故事。他還通過面對面地談話和書信等方式，和他們平等地討論國家大事、人生哲學，講解治學的態度，做學問的方法，向他們傾訴生活中的苦樂悲歡，將做人的道理融入其中。

梁啓超有很多至理名言。梁啓超告誡兒女：「生當亂世，要吃得苦，才能站得住。一個人在物質上的享用，只要能維持著生命便夠了。至於快樂與否，全不是物質上可以支配。能在困苦中求出快活，才真是會打算盤。」「我自己常常感覺我要拿自己做青年的人格模範，最少也要不愧做你們姊妹弟兄的模範。」

興趣是最好的老師。梁啓超在教育子女時，特別強調趣味教育。他在《學問之趣味》一文中說：「凡人必常常生活於趣味之中，生活才有價值。若哭喪著臉捱過幾十年，那麼生命便成爲沙漠，要來何用？」他十分尊重孩子們的個性和意願，因材施教，鼓勵孩子「趣味轉過新方面，便覺得像換個新生命，如朝旭升天，如新荷出水。」

一九二七年，梁啓超的次女思莊在加拿大麥基爾大學已學習一年，該選學專業科目了。梁啓超考慮到現代生物學在當時的中國還是空白，希望她學這門專業。思莊選擇了生物學，但對生物學毫無興趣，十分苦惱，就向大哥思成說了此事。梁啓超知道後，趕緊寫信給思莊。在父親的鼓勵下，思莊改學圖書館學，最終成爲我國著名的圖書館學家。

爲了充實子女們的國學、史學知識，從一九二七年下半年起，梁啓超就聘請他在清華大學國學研究院的學生謝國楨來做家庭教師。梁啓超在家中辦起了補課學習組，課堂就設在飲冰室的書齋裏，課程包括國學、史學、書法等，每週有半天休假。經過一年多的學習，兄妹幾人國學、史學水準均有了很大的提高。

梁啓超的子女個個都是「芝蘭玉樹」。梁氏的九個子女多從事科學工作，其中有

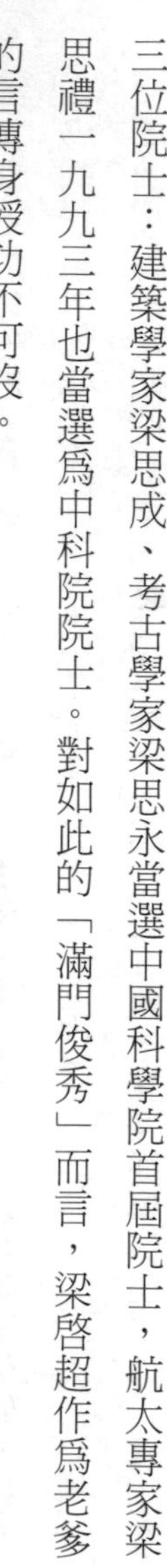

三位院士：建築學家梁思成、考古學家梁思永當選中國科學院首屆院士，航太專家梁思禮一九九三年也當選爲中科院院士。對如此的「滿門俊秀」而言，梁啓超作爲老爹的言傳身授功不可沒。

梁啓超並不是一個惟師命是從的保皇黨。康有爲逃亡到日本後，手捧光緒皇帝縫在衣服裏的所謂的「詔書」，繼續宣傳他的保皇主張。起初，梁啓超像從前一樣，惟師命是從。可漸漸地，他的想法發生了顯著變化，從保皇轉向革命。這段時間，他與孫中山、陳少白等革命黨人的來往開始密切，有時甚至在三更半夜還擁被長談，有了合作組黨的計畫。

梁啓超召集其他同學，聯名致函康有爲，勸他退休。康有爲得知梁啓超傾向革命的思想之後，非常生氣，立即嚴令梁啓超離開日本，到檀香山辦理保皇會事宜，並狠狠斥責了梁啓超一頓。

武昌起義爆發後，康梁之間的矛盾越來越大。在致康有爲的信中，梁啓超說：「數月來，和您議論起時事，總是出現矛盾，很難領會您的意思，最後只能在表面上答應，回到家後，頭痛目眩。您從來不讓別人發表意見，自己的觀點又不能讓弟子心悅誠服，我們真不知道該怎麼辦才好。」

一九一二年元旦，民國成立。對於民國成立後出現的許多問題，康有爲觸目驚心，非常看不慣。與康有為積極復辟相反，梁啓超堅決維護民主共和。張勳復辟一發生，梁啓超立即隨段祺瑞誓師馬廠，參加武力討伐。

梁啓超不僅代段祺瑞起草了討逆宣言，而且以個人名義發表反對通電，斥責康有為是「大言不慚的書生，對政局絲毫不清楚」。據說通電寫好之後，有人擔心此舉會破壞師生友誼，梁啓超卻理直氣壯地回答道：「政治主張則不妨各異，我不能與老師共為國家罪人！」

康有為在張勳復辟失敗後，不僅不反省自己的過失，反而將怨氣發洩在梁啓超身上，咒罵他為「梁賊啓超」，還寫詩將他比喻為專食父母的梟獍。師徒關係鬧到這地步，真是可悲到了極點！

康梁公開翻臉及交惡之後，劉海粟等人積極從中斡旋，二人關係才有所緩和。一九二七年三月三十一日，康有為逝世於青島。四月十七日，梁啓超聯合康門弟子，在北京設靈公祭，含淚宣讀悼文。在這篇情深意濃的悼文裏，梁啓超肯定了康有為早年的歷史貢獻，但也委婉地批評了他在復辟帝制上的錯誤。

一代宗師霍元甲

霍元甲，字俊卿，靜海縣小南河村（現天津西郊）人，生於一八六八年。天津在建城之初就是一座兵城，尚武之風興盛，這個風氣逐漸傳到了民間。在天津的市井村鎮到處都可以看到習武的人。霍元甲就出生在這樣的尚武環境中。

霍元甲幼年身體瘦弱，常受鄉里頑童欺負，在弟兄十人中常被取笑。他的父親霍恩第心中大爲不悅，怕有損家風，便禁止霍元甲練武，而讓他去讀書。這大大刺傷了性情剛毅的霍元甲的自尊心，此後霍元甲偷著練武，暗中和兄弟們比賽。

小南河村有個棗樹林子，是一塊墳地，平時人跡罕至。霍元甲每每偷偷向父親和兄弟們學個三招五式，便到棗林深處練習，邊練邊揣摩，進步很快。後來，他練武的事被父親知道了，遭到了訓斥。但霍元甲答應父親不與任何人較量，不丟霍家的面子。

一八九〇年的秋天，霍家來了一個武林好漢，說是久仰霍家「迷蹤拳」的大名，其實是來比武的。言語之間，他侮辱了霍家父子，霍元甲三弟元卿與之較量，哪知三個回合便敗下陣來。霍恩弟正要親自上場，霍元甲已經旋風般地一躍而出。老人家一看是他，攔阻已經來不及，兩人已經動起手來。只幾個回合，霍元甲就抓起對手扔出丈餘遠，把對手的腿摔折了。這出人意料的一幕，使大家又驚又喜，霍元甲「武藝高強」的名聲也傳揚了出去。

宣統元年，英國大力士奧皮音在上海刊登廣告，在廣告中，他竟然侮辱中國人是「東亞病夫」。霍元甲知道以後義憤填膺，毅然赴上海約期比武。懾於霍元甲的威名，對方百般刁難，不願比武，提出要先交一萬兩白銀作抵押，霍元甲在友人志士的支持下，籌措錢款，答應願出萬金作押。

對方還是一再拖延，霍元甲就在報上刊登廣告說：「外國人侮辱我們國家是病夫國，我就是病夫國中一病夫，願與天下自以爲健壯的比試一下。「並聲言」專打外國大力士，就算他是銅筋鐵骨，在下毫不在意！」霍元甲的聲威使奧皮音未敢交手就破膽而逃了，連公證人、操辦者也都逃之夭夭。

一九一〇年，霍元甲在農勁蓀等武術界同仁協助下，在上海創辦了「中華精武體操會」（**後改名「精武體育會」**）。孫中山先生讚揚霍元甲「欲使國強，非人人習武不可」的信念和將霍家拳公諸於世的高風亮節，親筆寫下了「尚武精神」四個大字，惠贈精武體育會。

一九一〇年九月，日本柔道會會長率十餘名技擊高手與霍元甲較藝，敗在霍的手

下。賽後，日方設宴招待霍元甲。席間，日本人知道霍元甲有點咳嗽，就介紹一個叫秋野的醫生爲之看病。哪知服藥後，病情反而逐漸惡化，僅月餘，一代武術大師就含恨離開了人間。事後朋友們把藥拿去化驗，才知霍元甲服用的是一種慢性爛肺藥。

霍元甲遇害後，精武會推崇的尚武精神並沒有消失。霍元甲的兒子霍東閣雖然年僅十五歲，但秉承了父志，與叔父霍之卿毅然前往上海，使精武會備受鼓舞。霍東閣和其父一樣武藝高強，而且能寫善畫。由他們主持的精武會迅速發展，而後有十幾個城市相繼成立精武會分會，使中華武術得到了發展。

Q 佛山無影腳黃飛鴻

黃飛鴻原名叫黃錫祥，字達雲，道光二十五年生於廣東佛山。黃的老爹黃麒英是一位拳師，黃六歲起就跟隨老爹習武。當時因家境貧寒，幼小的他就經常跟著老爹在廣州、佛山等地賣武售藥。十三歲的黃在佛山賣武的時候，遇到了鐵橋三的首徒林福成，林見他稟賦奇佳，非常喜愛，傳給他鐵線拳、飛鉈等絕技，這爲黃飛鴻奠定了日後成爲洪拳大家的基礎。

一八六三年，黃飛鴻和老爹移居廣州。因爲他們爺兒倆武藝高強，好打抱不平，所以非常受擁戴，當地銅鐵行的工人們自願集資，爲他們在廣州西關第七甫水腳開設武館。因爲黃飛鴻的名氣，前來報名學藝的人絡繹不絕。從此，他廣收弟子，結束了賣武流浪的生涯。次年，因爲信服他的人品和武藝，廣州果欄、菜欄、魚欄三欄行中人聯名聘黃飛鴻爲行中的武術教練。

一八六六年，廣州西樵官山墟的一家當鋪在深夜被一夥歹徒打劫，誰知歹徒正逞兇之時，恰好碰到了黃師傅。黃飛鴻一人奮起搏殺，竟把這幾十人全部擊退，在當地傳爲佳話。附近村鎭地方的人們聽說後仰慕不已，紛紛請他到自己那裏教拳授徒。

一八六八年，在香港水坑口大笪地，小販被當地的惡霸欺凌，攤子被踢，人也被打得遍體鱗傷。黃飛鴻正好路過，見到以後自是伸手相助。惡霸隨即召來幾十個同夥，手拿刀棒等凶械圍攻黃飛鴻，黃飛鴻又怎麼會懼怕他們？他赤手空拳，閃展騰挪之間把這幫人打得丟盔卸甲、倉皇逃竄。

黃飛鴻是一個武藝精湛的武師。一八六九年在佛山平政橋鬥蟀場，正在爲盧九叔做現場保鏢的黃飛鴻被一夥歹人圍攻，他大施拳腳予以嚴懲；有拳師向他挑戰，黃飛鴻以一套「四象標龍棍」大勝對手的「左手釣魚棍法」，此後又以禮相待，令對方心悅誠服。

不僅在民間，就是在當時的清廷，黃飛鴻也是聲名遠播。一八七三年，廣州水師

聘他為水師武術教練。隨後提督吳全美聘他為軍中技擊教練。一八八八年，黑旗軍首領劉永福賞識黃飛鴻武藝高強、精通醫術，聘他為軍醫官和福字軍技擊總教練，還贈送他「醫藝精通」的匾額。

黃飛鴻棄武從醫是有原因的。一八九四年，劉永福率領軍隊赴臺灣抗擊日本侵略軍，黃飛鴻就隨福字軍一起抵台，駐守在台南。劉永福護臺灣失利之後，黃飛鴻自臺灣返回廣東。從此之後，在自己開設的醫館「寶芝林」門前，貼出了這樣的告示：「武藝功夫，難以傳授，千金不傳，求師莫問。」從此之後，他只行醫不授武。

黃飛鴻的晚年生活非常坎坷。一九一九年，黃飛鴻的次子黃漢森被人暗算慘死。這種老來喪子的打擊，使得黃飛鴻再也不向其他兒子傳授武功，以防他們因此招致禍端。後來因暴亂，「寶芝林」被毀於一場大火，黃飛鴻積累一生的資財也灰飛煙滅。更糟糕的是，他的大兒子黃漢林又因戰爭失業。因過分牽掛家國之事，黃憂鬱成疾，於一九二五年病逝於廣州。

＊微歷史大事記＊

光緒三十二年（一九〇六年）正月，愛新覺羅・溥儀生於北京什剎海邊的醇王府。道光皇帝的曾孫，光緒皇帝胞弟載灃的長子。

光緒三十四年（一九〇八年）十月，光緒帝逝世於瀛台涵元殿，年三十八歲。次日，慈禧太后病逝。十一月，溥儀即位於太和殿，以明年為宣統元年。

宣統二年（一九一〇年）三月，革命黨人汪兆銘等刺殺攝政王，事發被捕下獄。

宣統三年（一九一一年）三月，辛亥革命爆發。一九一二年十二月十二日，隆裕太后被迫代溥儀頒佈了《退位詔書》，宣告了滿清王朝的滅亡和延續了兩千多年的封建帝制的結束。

清朝其實很奇幻

作者：丁振宇
出版者：風雲時代出版股份有限公司
出版所：風雲時代出版股份有限公司
地址：105台北市民生東路五段178號7樓之3
風雲書網：http://www.eastbooks.com.tw
官方部落格：http://eastbooks.pixnet.net/blog
Facebook：http://www.facebook.com/h7560949
信箱：h7560949@ms15.hinet.net
郵撥帳號：12043291
服務專線：(02)27560949
傳真專線：(02)27653799
執行主編：朱墨菲
美術編輯：許芷姍
法律顧問：永然法律事務所 李永然律師
北辰著作權事務所 蕭雄淋律師
版權授權：南京快樂文化傳播有限公司

初版日期：2013年8月
ISBN：978-986-146-989-8

總 經 銷：富育國際股份有限公司
地　　址：新北市新店區中正路四維巷二弄2號4樓
電　　話：(02)2219-2068

行政院新聞局局版台業字第3595號 營利事業統一編號22759935

國家圖書館出版品預行編目資料

清朝其實很奇幻／丁振宇著.-- 初版.
臺北市：風雲時代，2013.07 -- 面；公分

ISBN 978-986-146-989-8（平裝）

1.清史　2.通俗史話

627　　102010199

原價：280元
限量特惠價：199元